Na saga dos anos 60

Carlos Olavo da Cunha Pereira

Na saga dos anos 60

1ª edição — Maio de 2013

Grafia atualizada segundo o Acordo Ortográfico da Língua Portuguesa de 1990, que entrou em vigor no Brasil em 2009

Editor e Publisher
Luiz Fernando Emediato

Diretora Editorial
Fernanda Emediato

Editor
Paulo Schmidt

Produtora Editorial e Gráfica
Erika Neves

Capa
Raul Fernandes

Diagramação
Futura

Preparação de Texto
Valquíria Della Pozza

Revisão
Rinaldo Milesi
Leonardo Porto Passos

DADOS INTERNACIONAIS DE CATALOGAÇÃO NA PUBLICAÇÃO (CIP)
(Câmara Brasileira do Livro, SP, Brasil)

Pereira, Carlos Olavo da Cunha
Na saga dos anos 60 / Carlos Olavo da Cunha Pereira. -- 1. ed. -- São Paulo : Geração Editorial, 2013.

ISBN 978-85-8130-153-2

1. Censura - Brasil 2. Ditadura - Brasil 3. Jornalismo político 4. Jornalistas - Brasil 5. Memórias autobiográficas 6. Pereira, Carlos Olavo da Cunha 7. Repressão política I. Título.

13-01733 CDD-079.092

Índices para catálogo sistemático:
1. Jornalistas : Memórias autobiográficas
079.092

GERAÇÃO EDITORIAL

Rua Gomes Freire, 225 – Lapa
CEP: 05075-010 – São Paulo – SP
Telefax: (+ 55 11) 3256-4444
E-mail: geracaoeditorial@geracaoeditorial.com.br
www.geracaoeditorial.com.br
twitter: @geracaobooks

Sumário

Agradecimentos

Neste livro, não poderia deixar de prestar homenagens e agradecimentos. Em primeiro lugar à minha esposa, dona Zuca, por tudo que ela significou, no apoio que sempre me prestou nos atribulados acontecimentos que o livro reflete, de certa maneira. Ela nunca fraquejou e soube repudiar até propostas para que se separasse de nós. Assim, a ela, a minha primeira homenagem, mais que devida. Também há que destacar o papel desempenhado pelos meus filhos nos acontecimentos por nós vividos. Eles, Tânia Mara, Alda Maria, Wânia Lúcia, Nádia Beatriz, Carlos Haroldo e Maura Janari, sempre ficaram unidos e solidários conosco. E hoje, nos deram doze netos e seis bisnetos, criando assim uma família numerosa e sempre unida.

Em segundo lugar, à minha mãe, a saudosa dona Alda Vianna, que muitas vezes, com sua maneira silenciosa, manifestou firme apoio a nós e a nossa luta do Rio Doce. Recordo-me que de certa feita, ela me confidenciou mais ou menos nos seguintes termos: "Meu filho, sua luta no Rio Doce eu entendo porque meu esposo, quando deputado, comentou comigo que naquela região do Rio Doce proliferava o ladrão de terra, os poderosos que se valiam do poder público para espoliar os pobres e desvalidos posseiros". Isto basta para situar minha mãe na luta dura que travei contra os grileiros do Rio Doce.

Não poderia deixar de prestar homenagens e agradecimentos especiais a meu irmão, Simão da Cunha, se bem que, no geral, todos os familiares me apoiaram. Mas o Simão foi inexcedível, pondo em risco por várias vezes o seu mandato de deputado ao me apoiar abertamente, tanto no Rio Doce quanto no meu exílio no Uruguai. Não só apoio político e fraternal, mas ajuda material, tal como ter me enviado uma Kombi para que eu trabalhasse como guia turístico no Uruguai e assim pudesse prover, junto com minha esposa e filhos, a nossa sobrevivência, durante o exílio.

É inesquecível, também, a presença de dois amigos: Mauro Pimentel, empresário, de Governador Valadares, e Vera Brant, também empresária em Brasília. Foram apoios preciosos e corajosos.

Devo ressaltar a figura do saudoso Deputado Ladislau Sales, que, enfrentando a onda que se formou contra nós na Associação Rural de Governador Valadares, declarou abertamente que era meu amigo e que perfilava as minhas denúncias no jornal *O Combate*.

Quero fazer agradecimentos especiais a dois jornalistas, Paulo Loth e Dídimo Paiva, que se opuseram à pretendida, minha expulsão do sindicato dos jornalista, de que a direita fazia questão.

Seria longa a lista dos que me apoiaram, mas não posso esquecer de Sérgio Rosa Machado, meu amigo de Governador Valadares.

Por último, quero agradecer ao empenho e dedicação da jornalista Edilma Dias pelo lançamento deste livro.

Carlos Olavo da Cunha Pereira
Jornalista e escritor

— Quá, seu doutor. Essa história de sabiá cantando nas palmeiras é bobagem de poeta. Sabiá é bicho arisco, só canta no moitiço.

Disparou a referência aos versos famosos de Gonçalves Dias em cima do grupo que armara como que uma tertúlia literária na porta da farmácia, deu um risinho confiado, esporeou o cavalo e lá se foi o vaqueiro, metido na sua roupa de couro característica, palmilhar a caatinga atrás de reses tresmalhadas.

No bate-papo da mesa de bar, Perdigão, coletor federal, contava esse fato ao recém-chegado Geraldo Gonçalves da Silva — mineiro e jornalista, foragido da repressão desatada pela abrilada de 1964 —, que fora dar com os costados nas lonjuras de Barra do Corda, Maranhão, na desesperada tentativa de escapar à perseguição sem precisar ir ao exílio. Na conversa animada, o coletor Perdigão; Fernando, motorista de caminhão, Gaúcho, delegado da Superintendência da Reforma Agrária; a então agonizante Supra; e Tatá, universitário da cidade estudando em Brasília, procuravam familiarizar o jornalista com as coisas do lugar, uma vez que dois deles, o coletor e o estudante, sabiam da verdadeira situação do mineiro, que ali aportara como comprador de terras para fazendeiros de Minas Gerais, munido de carta de apresentação do deputado federal da região, o saudoso trabalhista e médico pediatra de fama Pedro Braga. Estávamos em meados de abril de 1964.

I

Saída de Governador Valadares

— Barros Otávio, aqui está o radiograma do governador do estado. Ele quer que lhe asseguremos a saída da cidade e o acesso até Belo Horizonte. Porém, quer sua imediata retirada da cidade — dizia, radiograma nas mãos, o coronel Mario Simões, então comandante da unidade da Polícia Militar da cidade.

E acrescentava, em tom amigo, como que vexado da triste missão que lhe tocara desempenhar:

— Já temos instruções para ocupar toda a linha da Estrada de Ferro Vitória-Minas até o porto de Vitória. A operação já teve início. E você com o seu jornal, o Titão com o sindicato, são pontos a ser neutralizados. Entenda-me, caro jornalista, tenho de cumprir a missão. Diga-me o que necessita para sair daqui e alcançar Belo Horizonte, porque as chamadas milícias dos fazendeiros, comandadas pelo coronel Tetro Barreira, já estão soltas na cidade e praticamente escapam ao meu comando.

Da residência de Barros Otávio, onde o coronel Mario Simões fazia sua exposição ao jornalista, dava bem para ouvir os berros encolerizados e ameaçadores dos bandos armados que Tetro Barreira soltara na cidade. Foram de tal sorte os desatinos perpetrados pela organização paramilitar dos fazendeiros que reportagens dos jornais da época chegaram a batizar Governador Valadares de "Cidade do Ódio". Bandos armados percorriam as ruas, invadiam residências, vasculhavam tudo e detinham quem lhes aprouvesse, num espetáculo brutal de desrespeito aos mais comezinhos princípios de direito e civilização, instalando um verdadeiro clima de guerra civil. Para se ter uma ideia dos desmandos então praticados, um dos grupos armados — dizendo ter conhecimento da chegada incógnita à cidade do deputado e secretário da Saúde, Ladislau Sales — invadiu a casa do dr. Silva Monteiro de Castro e esquadrinhou até embaixo da cama.

— Procuraram-me onde normalmente eles se esconderiam — comentou depois o deputado.

Pelo rádio e pela televisão, jorravam notícias preocupantes: Minas se rebelara e lançara manifesto conclamando o país à insurreição contra o governo federal; esperava-se, a qualquer momento, a adesão de Ademar de Barros e do general-comandante do II Exército, Amauri Kruel; em Pernambuco, já estava patente o confronto entre o governador Miguel Arraes e os coronéis do IV Exército; no Rio, as notícias falavam da doença do ministro do Exército e de que a trama golpista estava sendo liderada pelo chefe do estado-maior, general Castelo Branco; sobre o Rio Grande do Sul fazia-se silêncio e também anunciavam que o presidente João Goulart, ainda no Rio, compareceria naquela noite, 30 de março, à manifestação dos sargentos no Automóvel Clube.

Depois de rápida avaliação, falou Barros Otávio:

— Coronel, os elementos que conseguimos gravar de sua rápida exposição, assim como a situação imperante na cidade, apresentam um quadro muito desfavorável para nós. Quer dizer que Minas, por seu governo, levantou-se contra o presidente Jango. Está oficializada a rebelião que se gestava nos desvãos golpistas. E nós aqui — o movimento dos camponeses, o meu jornal e o povo, enfim — estamos praticamente na boca do lobo: se até agora tínhamos na polícia do senhor certa contenção às tropelias que Tetro Barreira e seus milicianos deflagraram na cidade e na região, vamos, daqui por diante, ter pela frente a polícia fardada e os bandos armados. Claro, seremos esmagados.

— Vejo que o senhor está compreendendo bem a situação — atalhou o coronel, acrescentando: — Embora eu lhe assegure que, enquanto for comandante do batalhão, aqui não se praticarão desatinos. Sei que não vai ser fácil conter esses bandos armados, que tenho ordens de tolerar. Sei que algumas ilegalidades já estão sendo praticadas, e nós estamos agindo como bombeiros. Por isso mesmo, sou dos que pensam que isto não vai acabar bem. Sei até que terminarão por não me manterem aqui por muito tempo. Mas, enquanto comandante, tudo farei para garantir a vida dos ameaçados e de suas famílias.

— Obrigado, senhor coronel.

— Mas vamos ao grão da questão: que necessita o senhor para sair da cidade e chegar à capital? A que horas vai sair? Quem irá com o senhor? Aliás, acho que o senhor agora não deve levar sua esposa e filhos. Ficarão aqui sob minha guarda. Amanhã mesmo trarei aqui minha senhora para inspirar mais confiança aos seus.

— Compreendo, e não vou expor minha família à aventura de sair por aí, talvez até sob perseguição. Aceito sair da cidade assim que ouvir o pronunciamento de Jango na TV. Preferia fazê-lo sob a escolta do cabo Calisto, que escolheria seus soldados, e do Titão.

— Titão? Mas ele está preso no batalhão.

— Não, senhor coronel. Há um engano aí que o major-delegado poderá esclarecer. Titão não está preso. Titão foi recolhido ao batalhão, a meu pedido, para que sua vida fosse garantida. Ele está lá, levado pelo major-delegado. Acredito que esse oficial confirmará inteiramente o que estou dizendo.

Interrompeu-me o diálogo, enquanto o coronel consultava o major, a sós.

— Senhor jornalista, o major confirmou suas palavras — disse o coronel, retomando o diálogo. — Mas, seja como for, não seria prudente sua saída junto com o Titão. Afinal, os dois estão soltos. Acaba de morrer, no hospital, o genro de Tetro Barreira. E ele é o acusado.

— Coronel, ninguém em sã consciência pode acusar quem quer que seja pelo assassinato do infeliz rapaz, uma vez que isso aconteceu em meio a mais de trezentos ou quatrocentos tiros. Por outro lado, devo lhe dizer com franqueza: só sairei daqui levando o Titão comigo, porque moralmente não posso deixá-lo entregue à própria sorte. Espero que o senhor compreenda minha posição — falou em tom definitivo o jornalista.

II

Fugitivo

Vida tensa, variada e perigosa a de um fugitivo — quase um exilado em sua própria terra — que, perseguido por ódios e desejos de vingança, palmilha chãos sem conta, sempre na esperança de que sobrevenham acontecimentos capazes de lhe proporcionar a oportunidade de voltar à vida e à peleja normais de quem se engajara na luta social e política de seu tempo. Viver perscrutando, procurando ler nas entrelinhas dos jornais e descobrir até no tom de voz do noticiarista do rádio e TV o vislumbre de tropeços no avanço da chamada "Redentora", que, igual a uma mancha de óleo, ia estendendo sua dominação por todo o território nacional.

Essa fase da vida de Barros Otávio — agora Geraldo Gonçalves da Silva — começara em 30 de março de 1964. Nesse dia, brotando do ventre da embaixada americana as tramas e conspirações contra o governo João Goulart, que se desenvolveram nas salas da Escola Superior de Guerra e nos socavões dos estados-maiores, tomavam a forma de golpe de Estado, e como tal, faziam sua primeira aparição assaltando a sede do Sindicato dos Trabalhadores Rurais de Governador Valadares, em meio a intenso tiroteio, com uma morte e vários feridos. Na mesma hora, punha a cerco a sede do jornal *A Batalha*, só não penetrando nele devido à atitude decidida e corajosa de seus defensores. Era a Operação Limpeza de Área do jargão militar.

Tratava-se de garantir — documentos oficiais norte--americanos, já divulgados, comprovam isso — o corredor de abastecimento e até a entrada de tropas do porto de Vitória, Espírito Santo, para a "área libertada" de Minas Gerais, que seria criada por Magalhães Pinto caso João Goulart resistisse ao golpe militar.

Governador Valadares era o ponto nevrálgico desse corredor, ainda mais que nascera e se desenvolvera ali um poderoso movimento de sindicalização rural, como também era ultimamente um centro de grande efervescência política e trabalhista, tendo eleito para deputados federais San Thiago Dantas e Simão da Cunha, e a estadual Ladislau Sales. Daí ter sido disparado nessa cidade o primeiro tiro e a primeira ação deflagrada pelo movimento golpista. Talvez o único lugar do país onde houve choque armado, com tiros e mortes, no estouro da "Redentora".

Cumprindo à risca o combinado, assim que terminou o pronunciamento do presidente João Goulart na reunião dos sargentos no Automóvel Clube — transmitido ao vivo pela televisão naquela noite de 30 de março —, Barros Otávio, Titão e a escolta do cabo Calisto rumaram para Belo Horizonte.

Optaram por seguir pela Rio-Bahia até Areal e de lá para Belo Horizonte pela BR-040. A viagem foi longa e praticamente sem incidentes, a não ser, vez por outra, um alto, ordenado por patrulhas do exército nas proximidades de Juiz de Fora. Eram as tropas de Mourão Filho que, em vários ônibus de passageiros, marchavam para o Rio com a missão de derrubar o governo. Mas ficaram detidas e cercadas nas proximidades de Areal, só conseguindo ultrapassar esse ponto quando as forças do general Âncora, vindas da Vila Militar do Rio, receberam ordens de se render a Mourão Filho. Dizem que, pela primeira vez na história militar, os sitiados receberam a rendição dos que os cercavam.

— Muito obrigado, cabo Calisto. Vocês foram impecáveis no cumprimento da missão. Nossos cumprimentos ao coronel Mario Simões e boa viagem a todos vocês — despediu Barros Otávio da escolta, nos altos da BR, já na entrada de Belo Horizonte. E tomando Titão pelo braço, afastou-se um pouco, enquanto o cabo e seus soldados iam embora.

— E agora, companheiro? O golpe foi desfechado, está progredindo velozmente pelo que pudemos ouvir no rádio do carro. E nós estamos na capital do golpe — falou o jornalista para Titão.

— Acho que agora é cada um para o seu lado, para seu setor, a fim de ver o que se pode fazer. Eu tenho para onde ir e sei que você também tem.

— Então vamos marcar um ponto de referência para futuros encontros, caso seja necessário — ponderou Barros Otávio.

Rapidamente combinaram tudo, despediram-se com um forte aperto de mão e mergulharam na cidade grande.

Belo Horizonte, naquela tarde de 31 de março, era mesmo a capital do golpe. Ruas esvaziadas de movimento, poucos veículos e poucos transeuntes, postos de serviços sob ocupação de soldados, proibidos de vender gasolina, e o vaivém incessante dos grupos paramilitares, faixa amarela como braçadeira, a efetuar prisões, invadindo residências, implantando o medo. Clima de insegurança tomando conta de todos. Do Palácio do Governo, a emissora oficial concitava as outras emissoras para se unirem à chamada Rede da Liberdade. Dobrados militares, entrecortados de palavras de ordem, noticiários e proclamações. Era o marche-marche do golpe.

III

Na clandestinidade em Brasília

— Alô. Pelo que estou vendo da janela, nosso apartamento está cercado, com o pátio da superquadra coalhado de milico da polícia mineira — falava Barros Otávio, por telefone, ao deputado Simão da Cunha, na Câmara Federal.

Daí a minutos, chegava Simão da Cunha, acompanhado do deputado Pedro Braga, do PTB maranhense. E entraram rindo no apartamento, desfazendo com poucas palavras a preocupação de Barros Otávio:

— Este é o meu colega Pedro Braga. Baixinho assim, mas muito bravo.

— Muito prazer.

— Esses soldados todos — prossegue Simão — que estão aí embaixo procuram pelo deputado Julião, que estava escondido num apartamento do quinto andar deste edifício, mas já escapou.

Aliviada a tensão de Barros Otávio, tomaram assento à mesa para discutir e encontrar um esconderijo mais seguro para o jornalista, já que os noticiários, especialmente os do rádio, falavam sempre da necessidade de sua prisão. Brasília estava ocupada pela Polícia Militar mineira, que ajudada pelos dedos-duros — a triste instituição que os golpistas tanto estimularam —, saía a fazer prisões a torto e a direito. Nessa altura, 8 de abril, Barros Otávio já era Geraldo Gonçalves da Silva, documentado nessa identidade por um título de eleitor forjado com amigos no trajeto da escapada de Belo Horizonte. Havia risco iminente de um dos bandos paramilitares e de dedos-duros — os tais da braçadeira amarela — dar no apartamento do deputado Simão da Cunha, onde ele ficou até 5 de abril. Nesse dia, avisado por amigos que tinham acesso às áreas da repressão de que seu apartamento seria visitado a qualquer momento por bandos que caçavam o jornalista, Simão da Cunha decidiu procurar um lugar mais seguro para o seu amigo. Pela imprensa e pelo rádio, o delegado que se notabilizou na chefia da caça às bruxas — um tal de Valdir Paredes Tia — deitava entrevistas e expedia comunicados, prometendo prender "o agitador de Governador Valadares a qualquer momento".

Por vários motivos — entre eles, que deputados amigos, como San Thiago Dantas e outros, se ofereciam para ajudar na proteção ao jornalista —, decidiu-se por um plano de escapada até Brasília. As estradas, muito policiadas e cheias de barreiras — havia barreiras de cada tipo de força armada: aqui era da Polícia Militar, mais adiante do exército ou da marinha e até da aeronáutica —, tornavam a viagem por terra quase impraticável. De avião, nem pensar, que ninguém conseguia embarcar num aeroporto ou fazer um voo de táxi-aéreo sem passar pelo crivo da inspeção policial. Pesadas e medidas todas as alternativas, ficou a solução: ir de jipe de Belo Horizonte a João Pinheiro sem passar pela rodovia federal; romper por estradas secundárias, trilhas e o que fosse; naquela cidade, já com nova identidade a ser conseguida com amigos comuns na viagem, Barros Otávio poderia — com algumas precauções, inclusive com a companhia de amigos influentes — enfrentar a rodovia federal com todas as suas barreiras. E assim foi feito.

Junto com um velho e experimentado motorista amigo da família — Zé Tião, conhecedor de carros, das estradas e dos caminhos de Minas como ninguém —, que se dispôs a correr todos os riscos, devidamente armados e prontos para o que desse e viesse, lá se foram os dois, dispostos a não cair presos de jeito nenhum. Saíram de Belo Horizonte ao anoitecer de 5 de abril, e na madrugada do dia 8 chegaram à Brasília, sujos, barbados, cobertos de poeira, mas sãos e salvos.

— Deixe-me ver esse título de eleitor — pediu o deputado Pedro Braga. — Realmente está benfeito. Você agora é mesmo o Geraldo Gonçalves da Silva, aqui e no Maranhão.

Deu uma risada e expôs:

— Porque eu acho que no Maranhão, em Barra do Corda, onde tenho bons e dedicados amigos e parentes, você pode viver tranquilo, sem problemas. Precisamos arranjar alguma coisa para você fazer que justifique sua presença naquela pequena cidade, porque com um par de dias, todos vão lhe conhecer, vão ter curiosidade de saber o que você, um mineiro, está fazendo naquela terra, por que decidiu ir viver lá. Enfim, os porquês da curiosidade natural do povo, que nós temos de satisfazer com naturalidade também.

— Eu tenho uma solução — interviu Baratini, fazendeiro forte da região de João Pinheiro e que trouxera o jornalista daquela cidade até Brasília, enfrentando e vencendo, com excepcional sangue-frio, todas as barreiras militares: — Lá está uma barreira. Tosse, Geraldo, que eu converso com o oficial.

E o jornalista tossia como um tísico enquanto Baratini dizia ao oficial, mostrando o título de eleitor:

— Esse coitado aí é meu empregado, Geraldo. Estou levando ele para tratar em Brasília. Anda com uma tosse muito feia.

No banco traseiro da rural, Geraldo, deitado, não parava de tossir. O estratagema funcionou bem a viagem toda.

Baratini explicou aos deputados:

— O Geraldo chega lá a Barra do Corda e diz que foi a fim de comprar fazendas para fazendeiros de João Pinheiro, de onde é o seu título de eleitor. Começa a entrar em contato com fazendeiros de lá. Visita algumas fazendas, pergunta o preço, anota tudo e fala que vai consultar os fazendeiros daqui. Faz isso sem pressa, como convém a um bom comprador de fazendas. Se for necessário, pode até escrever pra nós, falando dos preços e condições que encontrou. A gente responde. Quem sabe, até pode sair algum negocinho — terminou, rindo.

— É, a proposta tem lá seus encantos. Creio mesmo que daria para manter o Geraldo por lá durante algum tempo. O diabo é que podem, na situação difícil que estamos atravessando, aparecer vendedores de fazenda sem conta. E cuidado, Geraldo, que lá ainda tem muita terra de índio. São os canelas e guajajaras, e você pode se meter em encrencas com o Serviço de Proteção aos Índios. Seria até cômico: você fugindo da repressão da Revolução que lhe quer vivo ou morto, ser denunciado e preso por causa de enrascadas com terras de índios — falou Pedro Braga, com aquele jeito brincalhão.

Daí a pouco, estava tudo decidido: era Barra do Corda mesmo. Pedro Braga preparou uns cartões de apresentação, e, à tarde, voltou com o sobrinho estudante, Tatá, que iria esperar Geraldo em Goiânia no dia seguinte para embarcá-lo no avião de carreira para Barra do Corda. A fim de cruzar sem problemas as barreiras militares de Brasília a Goiânia e embarcar o Geraldo com êxito no avião, apresentou-se solícito um parente, capitão da reserva da marinha, Zalmir Carvalho Rocha.

No dia seguinte, 9 de abril, boca da noite — quando todos os gatos são pardos, como diz o povo — Zalmir e Geraldo cruzaram a barreira da marinha na saída de Brasília para Goiânia. Mais adiante, pelo rádio do carrão, ouviram o noticiário dando conta da edição do Ato Institucional Número 1, e logo depois, a primeira lista de deputados, políticos e militares cassados e com direitos políticos suspensos por dez anos.

A Revolução começava a dizer a que viera e a tomar medidas para ficar por muito tempo. E aquela viagem para Barra do Corda estava se afigurando ao jornalista como capaz de durar mais do que se poderia calcular. Como também a vida clandestina — nome trocado, hábitos cuidadosamente medidos e policiados, pois que comprador de fazendas não tem nada de intelectual — poderia esticar-se mais do que o desejado. E a família? A jovem e carinhosa esposa, companheira a toda prova, filhos sempre agarrados com os pais, de repente separados a ponto de nem poderem se comunicar. Era esse o drama humano de centenas de Barros Otávios, nessa hora perambulando sem rumo pelo país afora, ou recolhidos à proteção de embaixadas simplesmente porque meia dúzia de iluminados, de donos da verdade, se diziam em missão de salvar a pátria que eles julgavam ameaçada. Hoje, olhada por uma perspectiva histórica de dezenas de anos transcorridos, isso nos soa infantil, de uma ridicularia insustentável, mormente pelo que os "salvadores" perpetraram naqueles vinte e tantos anos.

IV

Cidade do "já teve"

Modorrenta como ela só, Barra do Corda segue sua vida rotineira pelo varar dos anos. Quase uma ilha, pois que ocupa a parte interna de uma grande curva em forma de ferradura do Rio Corda, antes de desembocar no Mearin. É plana a topografia, o clima é quente, úmido e abafado como só pode ser o de cidades nas margens dos rios situados nos trópicos. Sem água encanada e praticamente toda arrodeada pelos rios Corda e Mearin, os aguadeiros — em carroças ou em jegues — abastecem as casas transportando suas pipas d'água.

— Vamos ao banho, pessoal — foi o convite que Geraldo ouviu no hotel, na tarde em que chegara da viagem de Goiânia. Intrigado, mas não querendo fugir aos hábitos da terra, imitou os poucos hóspedes da casa que ostentava placa de hotel: três quartões, quatro a cinco redes esticadas em cada um, uma sala de mesa comprida, a cozinha fumacenta ao fundo, e lá no quintal, a casinha da privada, um caixote com um buraco redondo sobre a fossa catinguenta como o diabo. Toalha no ombro, calção do tipo *short* que o previdente Tatá o fizera comprar em Goiânia, saboneteira na mão, e lá se foram os hóspedes em bando para o banheiro, que nada mais era do que um trecho remansoso do rio, onde se podia adentrar bem nas águas sem o perigo das correntezas. Lá se chegava depois de atravessar uns dois quarteirões de rua. Pelo trajeto viam-se também grupos de moradores, na mesma indumentária, dirigindo-se ao banheiro.

Havia uns quatro ou cinco banheiros assim, uns tantos para homens e outros tantos para mulheres, que homem e mulher não se banhavam juntos. Duas vezes ao dia, entre 10 e meio-dia ou das 16 às 18 horas, podia-se observar o mesmo espetáculo de banho público em Barra do Corda. Só os dias chuvosos, raros naquela quadra do ano, podiam alterar esses hábitos.

Ao chegar, em companhia do estudante Tatá, Geraldo já entregara as cartas de apresentação do deputado Pedro Braga ao coletor Perdigão e a outras pessoas que lhe poderiam ser úteis na cidade. Ao coletor, a carta dizia sem rebuços a verdadeira situação do novo morador da cidade. Aos demais, o deputado fazia apresentações formais e encomendava assistência ao recém-chegado no que fosse necessário. Todos, sem exceção, se dispuseram a ajudar no que o mineiro comprador de fazendas precisasse, sendo que o coletor tomou Geraldo praticamente sob a sua guarda.

Aos poucos foi o mineiro se inserindo no ramerrão da vida de Barra do Corda. Dormir na rede, levantar ao raiar do sol, engolir café preto com um naco de mandioca cozida ou de pão igual ao dos outros lugares, sair pela rua a esticar as pernas, dando uma chegada à Coletoria para o papo sempre agradável com Perdigão, que aos poucos foi se revelando o intelectual que realmente era.

— Vamos tomar o grogue, mineiro — era o Gaúcho, delegado da Supra, que já se fizera amigo de Geraldo e também morava no hotel. Saíam os dois até o boteco da esquina, onde Tatá, quando na cidade se encontrava, entrava no grupo para tomar um trago da gostosa pinga do Escondido, como aperitivo para o almoço ou para o jantar.

— Vocês, principalmente você, Gaúcho, que não é do ofício, bem que poderiam me explicar como é que a gente dorme em rede sem cair e, principalmente, sem ficar com o corpo doendo o dia inteiro — suplicava Geraldo por entre as risadas dos demais.

— Há de ser artista — respondeu irônico o gaúcho com seu temperamento expansivo. E sério: — Há umas regrinhas a seguir: primeiro, a rede não pode estar de colo muito grande; segundo, nem muito esticada também, porque é tombo na certa; terceiro, o travesseiro não pode ser alto e grandalhão; e, quarto, há de se deitar meio atravessado, de costas ou de lado, que de bruços não dá mesmo.

E chacoteando, por entre as gargalhadas gerais:

— Com o treino, daqui a pouco você dará conta até de deitar com uma acompanhante. Claro que isso não vai poder ser naquele quartão lá do hotel.

Aprendendo a dormir de rede, a tomar banho de rio uma ou duas vezes por dia, a beber pinga boa do Escondido na hora do aperitivo, mas não se descuidando de entrar em negociações de uma ou outra fazenda, ia Geraldo vivendo, atento ao noticiário do rádio e lendo avidamente os poucos jornais que lá chegavam quando era dia do avião de carreira.

E havia as partidas de xadrez com o frade do ginásio e um ou outro aficionado, além dos papos sem pressa e sempre ilustrativos com Perdigão.

— Isto aqui, mineiro, é a cidade do "já teve" — explicava o coletor. — Aqui já teve luz, não tem mais; o cinema e o teatro, fecharam suas portas; já teve até jornal, não tem mais. Não somos nem uma cidade estagnada, encruada, como dizem. Somos uma cidade em processo de regressão. Estamos crescendo como rabo de cavalo: pra baixo. Mas há esperanças. Uma delas é a usina hidrelétrica, tão bem denominada Esperança, que estão construindo bem aqui pertinho. Aí haverá energia elétrica sem precisar de motor diesel, como chegamos a ter e também não temos mais. O cinema e o teatro podem voltar, e eu pessoalmente vou fazer tudo para reeditar o jornal. Também há o projeto de uma estrada vinda de Pernambuco, que cortará o Piauí, passará por aqui e chegará ao Pará e ao Amazonas. Aí vamos ter comunicação, poderemos escoar a nossa produção agrícola e receber os manufaturados dos grandes centros do sul. Barra do Corda poderá florescer de novo.

Desviando nossa atenção das esperanças de Perdigão, foi chegando o gaúcho e apontando:

— Olha aquilo lá, mineiro, na porta do SPI. Garanto que desse jeito você nunca viu. A gente aqui já não estranha muito. Vez por outra acontece. É um casal de índios copulando em plena rua, como se fossem dois animais qualquer.

Impressionante e inacreditável, mas lá estava a cena. Perdigão deu um suspiro e exclamou por entre as risadas de todos:

— Eta Brasil grande e variado!

V

Saudade

— Ufa! Que saudade! — era Geraldo Gonçalves da Silva, soltando um suspiro fundo enquanto olhava ensimesmado para as lonjuras da praça em frente ao bar, já ganhando o cinzento da noite que chegava. Na outra cadeira, Perdigão, o amigo das horas vazias daquela estada que se ia prolongando mais que da conta em Barra do Corda, entreabre um sorriso e fala manso como que em respeito pelos sentimentos do amigo:

— Saudade, Geraldo, muita saudade?

— Não tem nem medida, meu caro companheiro. Não sei se você já viveu situação parecida com a minha: na frente está tudo escuro, não se vê nem uma luzinha clareando o caminho, não se tem ponto algum para apoiar nossas esperanças de um fim nisto tudo. As notícias que temos, lendo os poucos jornais e ouvindo o rádio, não nos proporcionam sequer um fiapo de esperança. Ao contrário, parece que o golpe militar se consolida, vai endurecendo cada vez mais, conta com forte respaldo no exterior, mormente dos EUA, que serão os clientes principais de tudo isto. Serão os que vão ganhar ao final. Assim, gente como eu poderá conviver com essa situação? Continuar com a própria personalidade, a fim de que os bisbilhoteiros nada venham a perceber, para que o zum-zum não acabe se transformando em suspeitas? Por pouco tempo a gente aguenta, que afinal não estamos nesta luta de neófitos. Mas sem um fim previsível? E a família, os amigos, as gentes e coisas de lá da nossa Minas Gerais? Em que pesem toda a hospitalidade, solidariedade e amizades que vamos conquistando aqui — você, por exemplo, o Tatá, o Gaúcho, o jovem Fernando, sua senhora e seus filhos —, somos, de qualquer maneira, como que uma planta de raízes arrancadas. Por quanto tempo? Se nos fosse possível fazer alguma coisa, empreender algo para, pelo menos, iniciar um processo de mudança dessa situação...

— Nem pensar! Você agora o que tem a fazer é como que fingir de morto. Não dar sinal nenhum de vida. Não se descobrir de maneira nenhuma...

— Concordo, meu caro Perdigão. E é esse sentimento de impotência o que mais nos angustia. Parece que estamos esperando pelos outros. E os outros estão esperando por quem? Não conhece você aquele ditado: "O dono do defunto pega na cabeça?". Quer dizer, pega o mais pesado e dá o rumo.

— Escuta, Geraldo. Nesta quadra dos acontecimentos, sua melhor contribuição é ficar quieto. Se você seguir alimentando esse estado de espírito, sua angustia só vai crescer. O que não é bom nem para a sua saúde física.

— Velho Perdigão, dizem que amigo, amigo mesmo, é aquele que come junto com a gente uma quarta de sal. Uma quarta de sal é muito sal, leva-se tempo para comê-la! Nós dois já estamos comendo nossa quarta de sal. Será que vamos ter que comê-la toda aqui na Barra do Corda? Se houvesse ao menos uma possibilidade de trazer para cá a nossa mulher e os nossos filhos, pelo menos os maiorzinhos, a gente até que se aguentava melhor.

— Eu até que tenho pensado nisso. Porque basta olhar seu procedimento aqui para ver que você é homem muito afeiçoado aos seus.

— Vejo que você tem me observado e até já começa a me conhecer. Vamos alimentar esse sonho de reunir aqui os meus, que isso só faz bem para nós. Mas é um sonho, Perdigão, é um sonho. Seria abrir a pista para os que estão nos procurando, esquadrinhando tudo como uns ensandecidos.

— Por falar nisso... Recebi ontem uns recortes de jornais do Tatá, lá de Brasília, dando notícias da caçada a você. Tem um tal de Valdir Paredes Tia, delegado lá de Minas, que parece ter ideia fixa de lhe prender.

Veja aí pelos recortes. Quase todo dia o homem deita falação sobre as diligências à sua procura. Neste recorte aqui, por exemplo, chega a dizer que você estaria em Goiás ou num dos estados vizinhos.

— Embora Goiás tenha fronteira com um montão de estados, parece que o homem está "esquentando". Quer dizer que eles já conseguiram minha pista até Brasília. Daí pra diante, caímos "no oco do mundo", e eles estão meio perdidos, fazendo uma porção de conjecturas. Mas não vamos subestimá-los.

— Mudando de pau pra cavaco... — cortou Perdigão. — Retornemos à saudade. Quero lhe contar uma história. Pouca gente sabe dela lá pelo sul. É uma história de Euclides da Cunha, quer dizer, vivida por Euclides da Cunha. Aqui no Maranhão é tradição oral e já andou sendo publicada. Contam que Euclides, na sua labuta como oficial do serviço cartográfico do exército, andava por estas bandas fazendo pesquisas. Ao entardecer de um dia de andanças estafantes pelas brenhas desta região, regressava ele com seu guia de acampamento em que fazia pião. O sol, já pela linha do horizonte, semeava de lusco-fusco as quebradas da caatinga. Absortos nos seus próprios sentimentos, seguiam os dois em silêncio e no passo tardo das montarias já cansadas. Euclides, atormentado pelos dramas de sua vida conjugal que acabariam por vitimá-lo, estava como que enterrado dentro de si mesmo. Lá pelas tantas, escuta o seu guia suspirar e murmurar um "que saudade" cheio de sentimentos. Esporeia o cavalo, emparelha com o caboclo e pergunta curioso: "Saudade? Você falou que está com saudade? O que você entende por saudade?" Aguilhoado assim de repente pela curiosidade agressiva de Euclides, o vaqueiro para um pouco, coça a cabeça naquele gesto típico das pessoas simples e solta esta pérola de definição, a nosso ver a melhor definição de saudade que existe: "Saudade, seu doutor, saudade é vontade de ver de novo".

VI

"Envém a 'Redentora'!"

Abril já escoara e andávamos pelos meados de maio. Os dias calorentos cediam lugar a temperaturas mais amenas e até um friozinho gostoso aparecia vez por outra pelas manhãs. Aquela rotina da vidinha dos dias iguais seguia: levantar cedinho ao clarear do dia; fazer as abluções no tanque do terreiro; engolir um gole de café preto com uma naca de pão; esticar as pernas até a Coletoria para ler os jornais que porventura tivessem chegado ou para o papo sempre variado com Perdigão; um cafezinho fumegante e cheiroso, quase sempre acompanhado de uns biscoitos, que a esposa do coletor sabia fazer como ninguém; roda de papo crescendo, alguns convidando para o primeiro banho do dia nos remansos dos rios Corda ou Mearim; o grogue no bar; o almoço no hotel; a sesta do costume imperativo; e as tardes tomadas com algum negócio de fazenda entabulado, ou uma partida de xadrez logo depois do segundo banho de rio; depois do jantar, a rodinha no bar para uma cerveja; ouvir o noticiário do jornal falado; e algumas vezes um cantador e seu violão ajudando-nos a não ver o passar das horas.

— "Envém a 'Redentora'", seu Perdigão — era o gaúcho da Supra, entre galhofeiro e assustado, balançando um papel da janela da Coleteria. Tratava-se da cópia de um radiograma da Secretaria de Segurança do Estado do Maranhão à Prefeitura Municipal de Barra do Corda, dando conta de que atendera ao pedido de soldados para o reforço do destacamento policial da cidade e despachara, naquela manhã mesmo, um tenente, um sargento e onze praças "para conter os inimigos da Revolução em Barra do Corda".

Quer dizer, a Revolução — a "Redentora", segundo o apelido que lhe pespegara o inesquecível Stanislaw Ponte Preta, no seu Festival de Besteira que Assola o País, o Febeapá — finalmente chegava ao longínquo interior maranhense.

Desde uns dias atrás, Barra do Corda estava literalmente sacudida por manifestações estudantis. O inusitado da situação se devia a que o prefeito pessedista da cidade resolvera movimentar a sua maioria na Câmara Municipal para cassar o mandato de dois vereadores do PTB que vinham seguidamente se pronunciando em discursos contra o advento da "Redentora". E o faziam de maneira ferina, sempre muito aplaudidos pela assistência às sessões, constituída de estudantes do ginásio, que estudantes do ginásio também eram os dois vereadores trabalhistas.

E a situação foi ficando incômoda para os pessedistas e também para alguns udenistas da cidade, já que o assunto das rodinhas do bar ou da farmácia e de qualquer esquina de rua eram sempre as diatribes dos dois estudantes-vereadores, que desta maneira estavam capitalizando politicamente a impopularidade que a "Redentora" começara a granjear, mercê da repressão desatada, especialmente da cassação de mandatos dos deputados mais populares. No Maranhão, por exemplo, já haviam cassado Neiva Moreira e Renato Archer, e tinham em mira o Pedro Braga, médico da pobreza e deputado muito estimado em Barra do Corda.

Sentindo o apoio da opinião pública, os dois vereadores começaram a convocar manifestações de rua, quando explicavam por que queriam cassá-los e ridicularizavam o prefeito. Cada vez mais concorridos, os comícios dos estudantes começaram a atrair assistência popular crescente. Amedrontados com a hostilidade das manifestações, os vereadores da maioria do partido do prefeito negaceavam a pôr em votação a resolução de cassação dos mandatos dos dois estudantes. A situação ficou insustentável para o prefeito, que se revelava sem forças para fazer seus vereadores cumprirem a decisão tomada. E a cidade toda ria e debochava do prefeito. Foi daí que ele apelou para a força, mandando vir tropa — um tenente, um sargento e onze soldados, além dos oito ou dez lá existentes, se constituiriam mesmo numa tropa para a pequenina e pacata Barra do Corda.

— É — disse Geraldo —, o Gaúcho tem razão. A "Redentora" está mesmo desembarcando nos cafundós de Barra Corda por obra e graça de um prefeito intolerante.

— E vem com o apetite todo — interviu Tatá, que acabara de chegar acrescentando a informação de que a Câmara de Vereadores já fora convocada para a noite daquele mesmo dia, a fim de votar a resolução cassando o mandato dos dois vereadores do PTB. Com os soldados pelas ruas, um tenente na delegacia, a coragem voltaria aos vereadores do partido do prefeito e a resistência popular dificilmente poderia prosperar.

— Acho — começou o Perdigão — que não vai ficar só na cassação dos vereadores. Vão fazer prisões, vão querer descobrir a existência de um movimento subversivo em Barra do Corda e vão aproveitar para demonstrar força e perseguir quem não reza pela cartilha do PSD e da UDN.

— E nessas investigações para cassar bruxas — falou Geraldo — tenho cá um pressentimento que vai sobrar para nós, para mim e para o Gaúcho, que foi da Supra. Sou um forasteiro, eles vão querer investigar.

— Também vejo a coisa da mesma maneira — disse Perdigão. — E seria bom a gente tratar de ir tirando o time de campo, isto é, você, Geraldo, e você, Gaúcho, poderiam viajar. Passar uns tempos fora. Lá em Floriano, Piauí, por exemplo, esperando a onda passar. Quando serenar, a gente dá um grito para vocês regressarem.

— Eu não posso e não quero viajar — cortou o Gaúcho, um tipo um tanto sistemático.

— Pois eu cá acho que o Perdigão tem razão, uai. E estou pronto para viajar. Acho, Gaúcho, que você deve deixar de teimosia e viajar comigo.

— Se eu for preso — argumentou o Gaúcho —, não vão conseguir provar nada contra mim. Já moro muito tempo aqui e o próprio prefeito e muitos vereadores me conhecem. O Geraldo, sim, deve cair fora, sem demora, porque a própria documentação dele é muito falha, fraca. Não resiste a uma investigação esse título dele.

— Não vamos perder mais tempo — disse Fernando. — Escutem a zoeira do avião chegando. Eu preparo o meu caminhão, que, aliás, já está carregado para viajar. Daqui a uma hora, se tanto, pé na estrada, Geraldo.

Todos de acordo, encontro combinado para a estrada de saída da cidade, a fim de que ninguém visse o embarque do Geraldo no caminhão, e daí a uns trinta ou quarenta minutos já estavam no caminho de Floriano, Piauí.

VII

Prisão

Rangendo por todas as juntas, oscilando perigosamente devido à carga alta de algodão, lá ia o caminhão pela estrada poeirenta e esburacada rumo a Floriano, no Piauí. Aboletado na cabine, Geraldo já vencera a fase de observar como o maranhense manejava o pesado veículo na estrada ruim. Poucos quilômetros percorridos já davam para sentir que o jovem Fernando sabia dirigir como poucos um caminhão carregado de carga alta numa estrada desnivelada e cheia de panela. Ziguezagueando, engatando bem as marchas nos momentos certos, o valente motor do veículo zumbava nas acelerações precisas e obedecia ao dócil o volante firme do motorista.

De um lado e do outro da estrada, era a caatinga se estendendo a perder de vista. Aquele mataréu rasteiro e enfezado, de um verde pardo que refletia bem a sequidão da terra, era casamento perfeito com o sol forte que despejava seus raios sem clemência sobre aquela natureza estorricada. Ser vivo praticamente não se via. Vez por outra um preá cortava a estrada. No mais, eram os gaviões. Plainando lá no alto ou pousando em algum galho seco, o carcará tinha a pose de rei, de senhor absoluto daquele ermo triste e nada acolhedor. Ou então era outro tipo de gavião, de porte menor e cor amarronzada, com seu voo paralisado num ponto do céu, agitando levemente as asas sem sair do lugar para, de repente, descer como uma flecha num ponto da caatinga e logo alçar voo de novo com a presa, em geral um pequeno réptil, firmemente segura nas suas garras.

Fernando e Geraldo seguiam calados na maior parte do tempo. Não tinham muito que conversar. Cada um ia mergulhado em seus próprios pensamentos, matutando a situação difícil em que haviam se metido. Porque nenhum dos dois tinha ilusões de que a escapada do Barra do Corda, por melhor que tivesse sido feita, acabaria sendo soprada por alguém à polícia, inda mais que a saída de um caminhão da pequena cidade era sempre uma novidade. E quem viajara no caminhão? Vinha logo a história: "Geraldo, o mineiro, saíra da cidade, justamente quando a polícia chegava".

Não deu outra coisa. Assim que chegaram à delegacia, o tenente e seus soldados agiram rápido, levando a depor os vereadores trabalhistas e os cabeças do movimento de rebeldia. Foi num desses interrogatórios que aflorou o nome de Geraldo, o mineiro, desatando a curiosidade policial. Na mesma hora saiu o sargento para procurar o comprador de fazendas. Dando daqui e dali, não lhe foi difícil descobrir a saída do caminhão da cidade e relacioná-lo com o sumiço de Geraldo. A essa altura, já caía a noite. Muita gente fora interrogada e algumas prisões feitas. Entre os presos, o Gaúcho, da Supra.

Lá na estrada, seguia o caminhão numa nuvem de poeira. A canícula abrasadora, o calor do motor soprado para dentro da cabine pelo próprio deslocamento do veículo, Fernando suado e já dando mostras de cansaço ao passar, vez por outra, a mão espalmada pela musculatura do pescoço.

— Seria melhor, Fernando, a gente dar uma paradinha, esticar as pernas, examinar se a carga está bem, tomar um gole d'água...

— E atrasar a viagem — cortou Fernando, firme mas sem hostilidade. E prosseguiu: — Estive aqui pensando, sabe, Geraldo... A nossa saída de Barra do Corda vai acabar dando nos ouvidos da polícia, mais hoje, mais amanhã.

— Eu também tenho a mesma ideia.

— Pois, então, nós temos é que ganhar tempo. Fique tranquilo que a carga, apesar de alta, está firme. Foi muito bem amarrada. Pelo retrovisor dá para ver. De mais a mais, pode ser que eu me engane, mas vai chover. Se chovesse enquanto a gente estivesse no descampado da caatinga, tudo bem. Pior é se chover ao cair da noite, quando ganharmos as matas de babaçu. Aí vai ser o diabo, porque a estrada ensombreada pela cobertura da mata e construída nessa terra frouxa vai dar atoleiros um atrás do outro.

Foi como Fernando previra. Ao cair da noite, já ao entrar na região das matas de babaçu, os relâmpagos começaram a cortar os céus e trovões ribombaram anunciando o aguaceiro que chegava. Já eram umas 10 horas da noite quando a tempestade desabou. Com poucos minutos a estrada foi virando atoleiro. Chapinhando daqui e dali, o caminhão ia vencendo com dificuldade e lentamente o lamaçal que parecia não ter fim. O motor, bem regulado, urrava sob o comando enérgico do motorista.

— Fernando, com o motor trabalhando forçado assim, será que o diesel vai dar?

— Nós aqui por estas bandas, meu caro Geraldo, sempre temos dois tanques nos nossos caminhões, que posto de gasolina quase não há nestes ermos. Ainda não foi preciso ligar o tanque sobressalente. Estou de olho no marcador...

Inda não terminara a frase e um violento sacolejão deu com o caminhão num atoleiro. Impulsionado pela força da inércia, o pesado veículo avançou meio de banda num lamaçal medonho, água barrenta subindo de todos os lados até o para-brisa. E estacou. Estava atolado. Fernando jogou em ponto morto, tomou da lanterna e desceu dizendo a Geraldo que ficasse quieto no seu lugar. Se fosse preciso, chamaria. Anda em volta de todo o veículo, olhando demoradamente a situação das rodas. Retornou ao volante e, alternando as marchas de primeira e de ré, conseguiu safar o caminhão com perícia de mestre.

E foi assim o correr da noite. Vez por outra, novamente atolado. Como que desempenhando um ritual de sabedoria que a prática duramente lhe ensinara, o motorista criava mil e uma maneiras de desatolar o pesado veículo. Até que, já ao despontar do dia, um atoleiro imenso paralisou de vez o caminhão. Mas já estava na saída do enorme babaçual. O jeito foi buscar socorro no povoado do Escondido, pertinho dali. Com meia dúzia de homens com enxadões e machados, praticamente foi construída uma pista estivada de troncos de árvores. Até o macaco do caminhão entrou em ação para tirar as rodas dos buracos que elas mesmas haviam cavado na tentativa de arrancar o veículo da terra frouxa do atoleiro. Equilibrando o caminhão sobre aquela verdadeira estrada de troncos, Fernando conseguiu safar-se e sair no seco. Gritaria e até assovios saudaram o feito. E foi nesse clima de euforia que todos foram para o boteco forrar o estômago com nacos do pão, bolachas secas e linguiça, tudo acompanhado da gostosa e reconfortante pinga do Escondido, famosa em toda a região.

Em meio à comemoração da proeza de Fernando com aquele pequeno almoço na manhã friorenta — pois que era mês de maio —, se ouviu o zumbido do motor. Fernando e Geraldo se entreolharam. Vinha dos lados de onde o caminhão acabara de sair do atoleiro. E não era zoeira de motor de caminhão. Veículo leve. Jipe era o que mais parecia. Seria a polícia? Inda mal haviam chegado silenciosamente a essa conclusão e já o tenente, o sargento e três soldados saltavam ao lado do caminhão, de armas na mão. Certificando-se de que não havia ninguém no veículo, foram direto ao botequim.

— Geraldo Gonçalves da Silva — bradou o tenente, revólver em punho.

— Às suas ordem, senhor tenente — respondeu Geraldo, se adiantando.

— Teje preso — vociferou o policial, enquanto os soldados rodearam o mineiro comprador de fazendas. Prosseguiu: — Seu Geraldo, o senhor vai conosco à Barra do Corda para averiguações. Sargento, passe uma revista no homem, no caminhão e no motorista, que também está preso e vai conosco.

— Senhor tenente, com todo respeito, queria lhe ponderar que o motorista Fernando apenas me levava numa viagem que ele iria fazer de qualquer maneira, transportando algodão — ponderou calmo e firme o mineiro. Continuou: — Assim, cortar a viagem dele aqui por simples suspeita vai dar um prejuízo grande ao rapaz. Inda mais que a carga, sendo algodão, andou molhando um pouco com a chuva e pode se perder toda se ele não chegar rápido a Floriano.

Era visível a indecisão do tenente diante do arrazoado de Geraldo.

— De mais a mais, senhor tenente — falou Fernando — sou filho de Barra do Corda. Meus pais moram lá e eu sou comerciante estabelecido. Em uns dois ou três dias estarei de volta e prestarei todos os esclarecimentos que o senhor desejar.

— Está bem — concordou o tenente depois de conversar a sós com o sargento. — Vamos só com o Geraldo, e você fica obrigado, por estes dois a três dias, a comparecer à delegacia para esclarecimentos.

VIII

De como o tenente organizaria o país

Apertados como sardinhas em lata dentro do jipe, com Geraldo colocado entre o tenente e o motorista, foi iniciada a viagem de volta. No início foi aquele silêncio pesado, prolongamento natural do clima tenso da prisão. Aos poucos começara a surgir um ou outro comentário sobre o estado da estrada ou o aguaceiro da véspera. Eram frases soltas e respostas quase em monossílabos. Por fim, a conversa se generalizou. Geraldo, ao acender um cigarro, correu a carteira entre todos. Aceitando o tenente, não houve nenhum outro que recusasse. Certo clima de cordialidade foi se instalando e houve jeito para Geraldo puxar uma conversa mais reservada com o tenente ao seu lado.

— O senhor me desculpe, senhor tenente, mas até agora não estou entendendo o porquê dessa minha prisão.

O oficial olhou o mineiro de alto a baixo, como que numa avaliação. E ficou calado. Geraldo prosseguiu:

— Uma diligência trabalhosa como esta, os senhores alugarem um veículo — o jipe era particular — para viajar numa estrada destas, quilômetros e quilômetros, a fim de prender um simples comprador de fazendas...

— É isto que queremos averiguar. Queremos saber quais as fazendas que o senhor já comprou.

— Comprar mesmo, ainda não comprei nenhuma. Mas que tenho alguns negócios iniciados, é fácil provar.

— São essas provas que vamos examinar.

— Os papéis estão guardados aí na minha maleta e ficarão às suas ordens.

— E por que o senhor não tem documento de identidade?

— Tenho, senhor tenente, o título de eleitor.

— Mas e a carteira de identidade? Por que o senhor viajou essa distância sem ela?

— O senhor tem razão de ficar suspeitando. Mas há explicações. Sou de João Pinheiro, uma cidade do interior de Minas. O senhor sabe como é difícil a gente tirar uma carteira de identidade no interior. De mais a mais, numa cidade do interior todo mundo se conhece e poucos cogitam tirar carteira de identidade. Quando resolvi fazer esta viagem, quis tirar a minha carteira. Mas a demora era tanta que deliberei viajar só com o título de eleitor.

— Ou o senhor é muito sabido ou é muito inocente mesmo.

— Obrigado pela segunda parte, senhor tenente, que em minha terra sabido é o mesmo que esperto, velhaco. E isso eu não sou não.

Nova mirada perscrutadora do tenente sobre Geraldo. Mas o clima ja era, quando nada, de entendimento, e o mineiro resolveu mudar de assunto:

— Diga-me uma coisa, senhor tenente: aqui no Maranhão, quem vai ser agora o grupo forte, é o do Vitorino Freire ou o do Sarney?

— Não sou político e pouco sei dessas coisas.

— Mas acontece que os militares agora tomaram conta da política. O presidente da República é um general. E o senhor, como militar, deve certamente agora saber mais de política que muito deputado por aí.

O tenente ficou visivelmente lisonjeado e começou a falar:

— Aqui no Maranhão, nós, da Polícia Militar, não estávamos preparados para a Revolução. Não tínhamos e não temos uma liderança militar capaz de substituir esses políticos velhos e carcomidos.

— Mas o Sarney não é velho. De idade é até jovem.

— Mas velho de ofício...

— É, dizem que o diabo sabe das coisas, não por ser diabo, mas por ser velho — estimulou o mineiro.

Com sua risadinha de assentimento, emendou o tenente:

— Velho de ofício, político calejado, vivendo sempre de política, dessa politiquice que agora vamos acabar com ela para o Brasil progredir.

— Contudo, pelo que a gente vê, é ele, ou então o Vitorino, que está dando as cartas até agora — provocou Geraldo.

— Até agora isso é verdade. Mas vamos acabar com essa situação. A Revolução foi feita para abrir uma nova era para o Brasil. Vamos enterrar a política e os políticos.

— Desculpe-me, senhor tenente, mas, no meu fraco entender, ninguém dirige um país sem política, sem políticos. A menos que os senhores militares passem a ser políticos de agora em diante.

— Pode ser. Mas políticos de novo tipo. Em nada semelhantes com os políticos e a política do passado.

— É, o projeto dos senhores militares é muito ambicioso. Porém, na hora que os senhores convocarem eleições, será que o povo vai aprovar isso nas urnas?

— Eleições? Quem falou em eleições? Não cogitamos disso agora. Primeiro o povo vai ter que aprender a votar. Desde as escolas, e vamos procurar também a ajuda dos padres que têm os púlpitos das igrejas, faremos um trabalho metódico de educação popular, educação cívica. Afinal, lá no quartel a gente recebe recrutas completamente bisonhos, e depois de um trabalho tenaz e planejado, nós os transformamos em soldados prontos e acabados, combatentes de primeira linha. Temos que preparar o nosso povo primeiro, e depois, então, poderemos convocar eleições.

— Mas isso é tarefa que demanda tempo, senhor tenente.

— Tempo? Que importa se estamos no poder e firmemente instalados? Ninguém neste país tem forças para nos arrebatar o poder. Nós temos organização sem igual, de certa maneira melhor que da Igreja. São unidades militares cobrindo todo o Brasil, desde simples contingentes policiais nas pequenas cidades do interior até os batalhões e regimentos dos grandes centros.

— Assim, então, os militares vão ser o grande partido político do país?

Um tanto contrafeito — a idiossincrasia por política no tenente era como uma segunda natureza —, ele assentiu entre dentes:

— Mais ou menos assim.

IX

A previsão de San Thiago Dantas

Um diálogo como esse, com o tenente da polícia do Maranhão, causou funda impressão em Geraldo. Suas últimas ilusões se dissiparam de vez, consolidando nele a ideia que já vinha formando sobre a chamada Revolução de 1964. Era um movimento tipicamente militarista, com pretensões atrevidas de organizar todo o país segundo uma nova ordem. Partindo de um repertório de ideias ainda confusas e a maioria estapafúrdia — os livros do general Golbery são os que mais as expressam —, os golpistas de 64, especialmente os da linha militar, objetivavam organizar o Brasil como um estado autoritário, enfeudado à política imperial dos Estados Unidos, de que o Pentágono é a mais alta expressão. E se até um tenente de polícia do Maranhão já estava imbuído de certa maneira dessa filosofia, não havia mais como duvidar de que nosso país ingressava pelos caminhos tortuosos de uma experiência político-social de resultados imprevisíveis.

Desde que chegara, conduzido pela polícia, à Barra do Corda, Geraldo fora trancafiado e ficara incomunicável numa sala até ampla do casarão fronteiro à Coletoria Federal, que o tenente tomara como delegacia provisória para as suas diligências de investigar a subversão na pequena cidade. Lá se encontrava detido o Gaúcho, da Supra. Cansado da viagem de ida e volta, que durara quase dois dias e uma noite — inda mais pela noite passada nos atoleiros das matas de babaçu —, ele recostou-se na rede que lhe deram como cama, numa tentativa de dormir. Mas o sono não vinha. A cabeça de Geraldo fervia, uma vez que estava preocupado com o teor do diálogo mantido com o tenente, e ele fumava sem parar.

— O que é que você tanto pensa, companheiro? — era o Gaúcho fazendo uma tentativa de aliviar a tensão do ambiente da cadeia e o estado de espírito que Geraldo deixava transparecer visivelmente.

— Estou preocupado, meu caro Gaúcho. E muito preocupado. Tive com o tenente uma conversa que me deixou convencido de que estamos entrando num regime político militarista como quem entra num túnel escuro, onde não se vislumbra a saída. Até me lembrei de uma conversa que tivemos com o professor San Thiago Dantas, lá por janeiro deste ano, na sua última visita a Governador Valadares. Como deputado federal mais votado da cidade, ele sempre ia por lá, manter contato com suas bases. Cumpria um extenso programa de palestras e conferências, que todos gostavam de ouvir. Suas explanações políticas eram de clarividência didática. Numa conversa a três — estávamos em companhia do deputado estadual e líder trabalhista da cidade e da região, Ladislau Sales —, o professor, num tom grave de advertência, enquanto andava de lá para cá, esperando pelo táxi aéreo que o levaria de volta ao Rio, explicou:

— Estamos em marcha batida para um golpe militar de direita. Nós, das forças populares, principalmente os setores mais de esquerda, estamos confundindo zoeira, barulho, com força. Procedemos como se tivéssemos uma força que na realidade não temos. E estamos acuando a direita, num procedimento típico de cutucar a fera com vara curta. Porque, na verdade, quem tem força é a direita, uma vez que o centro, temeroso dos nossos radicalismos, está começando a fazer causa comum com ela. Nas forças armadas, por exemplo, os oficiais são de centro em sua maioria esmagadora. Com os radicalismos de nossa pregação política, com o destempero verbal de nossa agitação, essa oficialidade está ficando assustada e não demorará a cair nos braços da conspiração direitista que ronda os quartéis. E este processo está em andamento acelerado. A hora que ele atingir certo ponto de maturação, o golpe virá rápido e fulminante. Podemos mesmo dizer que eles são mais consequentes. Não vacilarão na hora de desfechar o golpe. A história e os acontecimentos em outros lugares do mundo têm provocado isto. Podemos estar certos de que eles já estão com seus esquemas golpistas em adiantado estado de preparação. Eu, pelas informações que me chegam, estou convencido disto. Mas não tenho conseguido convencer os meus amigos mais importantes da área do governo. Parece que estão anestesiados, com a sensibilidade política embotada, convencidos de que estão levando os direitistas de roldão, de que a trama golpista não tem profundidade, de que somos mais fortes que eles. Numa situação dessas, estou vendo que o pior nos espera. A trama golpista avança. Cada dia consegue novas e valiosas adesões de oficiais postados em posições-chave. Há informações de que o estado-maior do exército, por exemplo, já se apossou de todas as posições importantes. A hora em que se sentirem em condições de desfechar o golpe, sei que não adiarão um minuto sequer. Desfechando o golpe, pela experiência também de outros lugares, sabemos que eles serão implacáveis. Nós simplesmente seremos desbaratados. Pelo próprio tipo de atuação que temos, agimos a descoberto. Eles sabem onde estamos e quantos somos. E dizem o jargão dos quartéis. E organizarão, sobre a nossa derrota, um estado totalitário de tipo militarista, porque pela própria dinâmica do movimento deles, a direita mais radical ocupará as posições de vanguarda e vai comandar o golpe. Vai dar o tônus, a natureza do golpe vitorioso. E então, o nosso país vai passar por um período nada pequeno de retrocesso institucional. Vamos ficar atrasados uns trinta anos do ponto de vista político e social — concluiu, em tom profético, San Thiago Dantas.

X

Rompendo a incomunicabilidade

Atento e em silêncio, o Gaúcho acompanhara a narrativa de Geraldo. Levantou-se da rede, andou algumas vezes de um lado para o outro, parou na frente do mineiro e falou baixo, quase num murmúrio:

— Quer dizer então que, no seu entender, temos cadeia para muito tempo?

— Eu cá não tenho dúvidas.

— Há, meu caro Geraldo, uma importante diferença entre a sua e a minha situação. Embora eu não saiba sua verdadeira identidade, que essa história de mineiro comprador de fazendas nessas brenhas do Maranhão não é fácil de colar desde o início percebi que você era um foragido político lá de Minas. Dessa maneira, acho bom você já ir dando tratos à bola para ver como escapa desta. Eu terminarei por ser libertado pura e simplesmente. Sou um velho e mero funcionário público do Ministério da Agricultura, destacado para servir na Supra. Nessa função, limitei-me a fazer levantamentos da situação fundiária nesta região. Nada mais que isso. O próprio prefeito, que trouxe para cá essa polícia toda, vai acabar por pedir a minha libertação. Você, não: ou foge dessa cadeia ou será em breve recambiado para Minas. E aí você sabe melhor que eu o que lhe poderá acontecer.

Não havia o que contestar no raciocínio judicioso do companheiro de prisão. Geraldo pensou mais um pouco e decidiu agir sem tardança. Foi até o corredor e pediu ao soldado de guarda para falar com o tenente.

— Senhor tenente, embora eu ache um exagero a nossa incomunicabilidade, não vamos discutir suas razões. Mas lhe pedimos permissão para solicitar ao coletor aí em frente que nos mande um cafezinho de vez em quando.

— Vou considerar o que os senhores pedem — assentiu o oficial, de bons modos. — Pode voltar ao seu lugar que vamos providenciar.

Mais uns minutos e um soldado avisava que o café do coletor já estava sendo coado. Rapidamente, Geraldo foi à privada — aquela casinha típica do fundo de quintal — e rabiscou um bilhete para Perdigão num pedaço de papel higiênico: "Perdigão, mande urgente um portador a Brasília dizer ao Pedro Braga e Simão o que nos aconteceu. Que eles consigam que em João Pinheiro confirmem minha identidade do título de eleitor. Responda pela mesma via, com todas as precauções. Abçs. Geraldo".

Dentro em pouco, chegaram o café fumegante e cheiroso e um prato da gostosa quitanda caseira da esposa do coletor. Eram poucas as xícaras, e Geraldo, em tom amável, pediu ao portador que conseguisse com Perdigão um número de xícaras que desse para todos os soldados tomar café também. Vieram as xícaras e um clima de cordialidade foi sendo estabelecido com os carcereiros. Ao se servir por último, enquanto o moço despejava o café na xícara, Geraldo lhe meteu o bilhete no bolso da camisa com uma rápida piscadela. Terminado o lanche, lá se foi o moço do café. Na pressa dos seus passos, dava para sentir que ele compreendera a importância da missão de portador que acabara de lhe ser confiada audaciosamente. A sós, Geraldo contou ao Gaúcho:

— Acho que rompemos a incomunicabilidade. A essas horas, Perdigão já leu o meu bilhete e está adotando as providências, que ele não é de deixar a peteca cair do seu lado.

— Que bilhete?

— Consegui, velho Gaúcho — mineiro trabalha em silêncio — passar um bilhete para Perdigão pelo moço do café. Vamos aguardar os resultados.

— À noitinha, novo café — olhando fixamente para o moço que servia, Geraldo logo percebeu que ele era portador da resposta. Sorrateiramente recebeu o pequeno pedaço de papel, que lhe foi passado entre os pires e a mão do portador. Foi ao banheiro e leu: "Geraldo, tomei todas as medidas. Tatá seguiu a Brasília. Aguarde. Pode continuar usando essa via de comunicação. Abçs. Perdigão".

Terminado o café na roda com os soldados, Geraldo falou alto com o moço:

— Pode dar os parabéns ao Perdigão e à sua senhora pelo trato que estão nos dando. Só esperamos que essa trabalheira toda não dure muito tempo.

Todos riram e lá se foi o rapazinho, visivelmente compenetrado da missão inestimável que estava executando.

XI

Fuga

A rotina dos cafés diários e vez por outra a troca de bilhetes seguiu, até que apareceu a mensagem ansiosamente esperada:

"Geraldo, o Tatá regressou. Tem importantes notícias. Está dando um jeito de ir te ver. Aguarde. Abçs. Perdigão".

Já no dia seguinte, entra sorridente na cadeia o Tatá. Baralho e jornais numa mão, embrulho de frutas e doces na outra, vai dizendo jovial:

— O tenente decidiu que a incomunicabilidade de vocês terminou. De agora em diante vou aparecer sempre para o papo e uma partida de buraco. O Perdigão já deve estar vindo.

— Frutas e doces distribuídos para os solados, Perdigão presente, e o papo fluiu livre, já sem fiscalização dos policiais. Entre os jornais, Tatá passou uma curta carta de Simão a Geraldo:

"Pelos recortes juntos, você concluirá da sua situação. Acho que só lhe resta o caminho da fuga. E depressa. Os recursos estão com o Tatá. Sorte para você. Abçs. Simão".

Os recortes falavam da perseguição que se movia a Barros Otávio, que "estaria homiziado em Goiás ou num dos estados vizinhos". Que a captura poderia se dar a qualquer momento, "livrando o país do agitador do Rio Doce". E o tal de Valdir Paredes Tia, delegado do Dops, em Belo Horizonte, se estendia em considerações sobre o êxito das diligências, que já havia resultado na prisão de Zé Tião e do escrivão eleitoral de João Pinheiro.

Sem delonga, foram ali mesmo combinados os planos de fuga já para o dia seguinte. Ao escurecer, hora do jantar dos soldados, guarda reduzida,

Geraldo iria à casinha da privada no quintal, galgaria o muro nada alto dos fundos, seguiria pela rua morta que ia dar no rio. Lá estaria Tatá esperando e com o restante do plano a ser executado. Tudo acertado, foi formada a mesa de buraco que entrou pela noite adentro.

A expectativa dos próximos acontecimentos praticamente tirou o sono de Geraldo e Gaúcho, deixando-os também inquietos e nervosos durante todo o dia seguinte. Nem seria para menos. Afinal, uma cartada decisiva seria jogada. Se desse certo, tudo bem. Mas se fracassasse, nem era bom pensar. A reação policial ao pilhar os fugitivos seria naturalmente brutal, só comparável à de um marido enganado. Portanto, tudo poderia acontecer. E as conjecturas enchiam a cabeça dos dois.

Já de tardezinha, pediram banho. Banho de caneco, com a água de uma lata que os soldados providenciavam do aguadeiro como de costume. Isso serviu para acalmar um tanto os nervos que iam ficando cada vez mais tensos com o aproximar da hora marcada.

Foi morrendo o dia, o lusco-fusco tomando conta, e a oportunidade da fuga não aparecia. Por mais de uma vez, Geraldo foi à casinha da privada. Pela fresta da porta, aguardava o momento. E nada. Sempre havia um soldado cruzando o quintal, a mexer numa coisa ou outra aqui ou ali. E as horas passando. Lá na beira do rio, Tatá deveria estar impaciente. Mas o que fazer? Precipitar seria pior, porque descobririam o intento de fuga e tudo estaria perdido.

A vigilância seria redobrada. A fuga definitivamente impossibilitada. O jeito foi desistir, principalmente quando os outros soldados, que haviam saído para o jantar, começaram a regressar.

No dia seguinte, logo pela manhã, apareceu o Tatá. Debruçados na janela, ele e Geraldo se explicaram rapidamente. Assim, o ponto fraco e nevrálgico do plano era a dependência da oportunidade da fuga, com os soldados afastados da delegacia improvisada.

— Deixa comigo, companheiro. Vamos arranjar uma festinha hoje na casa do prefeito, que o filho dele é amigo meu. Vamos convidar todo o destacamento e vai ter música, muita cerveja e até um baile se for preciso. Veja se não perde essa oportunidade hoje — falou o Tatá para um Geraldo atento e confiante nas artes do amigo.

Assim aconteceu. Por volta das sete da noite, na cadeia só estavam o soldado Lisboa, de guarda, e outro que andava atacado de sarna e que foi dormir aliviado com um remédio que Geraldo conseguiu do coletor e lhe untou no corpo.

— Lisboa — falou Geraldo — eu ando com uma azia danada. Misturei muita fruta com doce, quitanda e o diabo. Estou sentindo tudo parado no estômago. Você bem me poderia fazer um favor. Vá até ali no bar da esquina e me compre um sal de frutas. Está aqui o dinheiro. Com o troco você pode tomar um grogue, que ninguém é de ferro. Não precisa correr que eu só vou tomar o sal de frutas ao deitar.

Lá se foi o bom Lisboa. Rapidamente, Geraldo enfiou o par de sapatos no cinto, apertou bem e convidou o Gaúcho para a escapada.

— Não, meu caro Geraldo. Eu fico. Minha situação é diferente e eu não vou me arriscar. Boa sorte para você, companheiro.

— Então, meu caro, você pode me ajudar, falando com o Lisboa, quando ele voltar, que estou na casinha da privada. Vou deixar a lanterna acesa lá dentro para ele não desconfiar. Aguenta a mão e até um dia, companheiro.

Apertaram-se as mãos e Geraldo partiu. Passou pela casinha da privada, deixou a lanterna acessa, cerrou a porta por fora, correu ao muro, que pulou num impulso, e ganhou a rua. Já calçado com os sapatos, passadas larga, mas sem correr nem demonstrar pressa, venceu os dois quarteirões até o rio. Lá estava o Tatá alegre e disposto. Rapidamente tiraram a roupa, ataram tudo com o cinto e cruzaram o Mearim. Na outra margem, Geraldo ainda se lembrou de destruir o título de eleitor falsificado em João Pinheiro, e passou a ser Pedro Perdigão Coelho, nome bem nordestino, natural de Bacabal, comerciante comprador de cereais, mas sem documento algum comprobatório.

XII

A gostosa sensação da liberdade

Acocorados numa moita no barraco alto da outra margem, tremendo de frio, que as águas do Mearim naquela quadra do ano já são bastante frias, Geraldo e Tatá se entendiam com Julião, o experimentado vaqueiro que fora contratado para dar com o fugitivo são e salvo lá em Duque de Caxias, fronteira do Piauí. Puxando da capanga a garrafa de pinga e uns ovos cozidos, servida uma boa talagada para espantar o frio, falou Tatá:

— Está tudo dando certo até agora. Já tem uns vinte minutos que você pulou o muro da cadeia. Não demorará muito mais e o Lisboa vai dar o alarme, que ficar mais que esse tempo numa casinha de privada, só se estiver morrendo.

A risada satisfeita dos dois outros cortou as palavras de Tatá, que prosseguiu:

— O Julião aqui, meu caro Pedro, conhece bem cada palmo de chão daqui até Duque de Caxias. A profissão dele é descobrir, nesse mundão de caatingas e matas de babaçu, daqui até lindar com o Piauí, as reses perdidas para os fazendeiros da região. Poucos conhecem como ele as estradas, caminhos e trilhas desses ermos. Portanto, eu acho que você está em boas mãos.

— Seu Geraldo, digo, seu Pedro — começou falando Julião — está aqui esta roupa de couro. Sem ela vosmicê não rompe muito na brabeza desse mataréu. Vai vestindo, por cima da roupa mesmo. Tira esse relógio e esconde esse anel de aliança, que vaqueiro do comum daqui não usa dessas coisas.

— Ge-ral-do! Volta, Geraldo! — reboou no silêncio da noite o vozeirão do Lisboa, gritando a plenos pulmões lá dos fundos da cadeia, na outra margem do rio. Fachos de luz das lanternas cruzaram a escuridão, vasculhando a capoeira existente bem ao lado da cadeia. Outras vozes de outros soldados se juntaram à de Lisboa, num berreiro de fazer voar assustados os curiangos das moitas de mato. E tiros. Rajadas de metralhadora entrecortadas de gritos de ameaças, mas tudo se dirigindo num rumo bem diferente de onde estavam Tatá, Julião e Pedro.

— Pedro — falou Tatá — eu não disse que eles iam levar uns vinte a trinta minutos para se darem conta da sua fuga? Estava na nossa previsão. Que eles, em consequência, iam procurar recapturar você, também a gente calculava. Mas a fúria da correria deles está forte demais. Será que descobriram quem é você? Será que chegou algum radiograma pela estação da Varig? Sei lá, companheiro. Pelo sim ou pelo não, você deve se pôr a fresco, já e já. Julião, o homem está nas suas mãos. Some com ele por essa caatinga, que nem o capeta haverá de encontrá-los. E não se esqueça de escrever a Simão da Cunha assim que chegar a Teresina. Pedro, boa sorte. Pode confiar no Julião. Eu vou voltar para o rio e continuar a minha pescaria.

Com aquela tranquilidade firme dos valentes, Tatá retornou ao rio, enquanto Julião e Pedro montavam seus cavalos, escondidos numa moita mais adiante, e se afastavam rapidamente do lugar. Nem meia hora mais havia transcorrido, e Tatá foi preso na margem do rio, vara de pescar na mão, capanga com alguns piaus e a cara mais inocente deste mundo. Sobrinho de deputado, velho morador do lugar, inteligência suficiente para passar bem pelos interrogatórios, Tatá não ficou detido por muitas horas. Mas viu o radiograma chegado momentos antes pela Varig, sobre o qual ele adivinhara: a polícia mineira pedia para manter preso Geraldo Gonçalves da Silva, que eles já haviam identificado como o Barros Otávio, lá do rio Doce. Perdigão também foi intimado pela polícia para explicar sua amizade com Geraldo. Fernando, motorista do caminhão, não escapou do interrogatório. Muitas casas foram invadidas e vasculhadas. Até os parceiros dos jogos de xadrez do mineiro tiveram que depor. Foi um corre-corre que atravessou a noite e varou a madrugada.

Enquanto isso, Julião conduzia Pedro pelos meandros da caatinga. Às margens de uma estrada, estacou e ordenou:

— Pare, Pedro. Desça, agache aí e fique quieto. Olhe a luz dos faróis do carro que lá vem. Eu acho que é a polícia — falou Julião imperativo.

E era mesmo. Segundos depois, numa nuvem de poeira, passou rente aos dois o jipe carregado de soldados, na estrada que rumava a Floriano, no Piauí. Novamente montados, seguiram por outras trilhas, mais seguros ainda de que ninguém conseguiria encontrá-los na vastidão daqueles sertões. Havia momentos em que Pedro chegava a duvidar que conseguiriam sair do emaranhado daquele sarandi de cipós e espinhos. Era necessário conter as rédeas do cavalo com firmeza e sem afobação, porque o animal se enredava nos cipós e sofria com os espinhos, que são a marca da caatinga. É impressionante esse tipo de vegetação. Ela repele, sofreia, paralisa e tudo faz por expulsar os que tentam palmilhá-la. Seus arbustos raquíticos e enfezados, que raramente sobrepassam a altura do cavaleiro, a não ser nos tufos das moitas, têm espinhos de todos os tipos e tamanhos, que agridem o viajante de várias maneiras. Não há como escapar deles. E é aí que funciona a roupa de couro.

Já era madrugada alta quando ganharam finalmente a região das matas de babaçu. Com a caminhada mais tranquila, o sono apertou. Notando o cansaço do companheiro, Julião aconselhou:

— Pode deixar seu cavalo seguir sozinho na trilha do meu. Segure na cabeça da sela e pode até tirar um cochilo. Cuidado para não ferrar no sono, que é tombo certo. Daqui a pouco vamos chegar a um povoado, e com sorte a gente consegue um café.

Conhecedor de tudo e de todos naquelas bibocas, Julião logo encontrou uma vendinha que tinha bolachas secas, sardinhas em lata e um café fumegante que acabava de ser coado. Forrado o estômago, prosseguiram a viagem. No céu já começavam as cores do amanhecer, aquele azul que vai mudando de tonalidade até o nascer do sol. Foi quando os dois ingressaram num trecho de mata derrubada para a lavoura, lindando com a baixada de uma várzea lá no fundo. O sol já começava a despontar, iluminando um cenário de beleza luxuriante. Tufos de trepadeiras de abril, com suas campânulas azul-arroxeadas, cobriam toda a extensão do roçado. Bandos de pássaros, de incrível variedade, esvoaçavam, e era inconfundível o trinado do pássaro-preto madrugador. Pedro, que vinha de vários dias de cadeia, encheu os olhos com aquele quadro de beleza invulgar. Suspirou fundo e soltou:

— Julião, meu guia, como é gostosa a liberdade.

XIII

De braços com dois soldados

Enfurnados no babaçual imenso, Pedro e seu guia Julião passaram o dia todo viajando. Já ia alta a manhã quando o ronco de um pequeno avião chamou a atenção dos dois. Por várias vezes ele passara em voos baixos por sobre a densa mata que os abrigava.

— Pedro — falou Julião, parando a montaria — esse avião não está me agradando. Repare que ele passa por riba de nós e vai longe, que a gente quase não escuta mais a zoeira dele. E vem voltando, repetindo sempre a manobra. Mal comparando, ele está dando uma de carcará em cima de calango. Balançando a moita, como se diz. Se a gente assustar e correr, se descobre.

— É, ele lá até pode ter a natureza e as artes do carcará, mas nós é que não somos calangos — brincou Pedro.

— Por isso mesmo acho que devemos parar um pouco e esperar que esse avião desapareça. Pode que ele dê com a gente justo numa clareira.

E assim fizeram. Tempos depois, vieram a saber que o avião era da polícia. Ao chegarem pela manhã seguinte à fuga em Barra do Corda, os policiais ficaram inconformados de perder Geraldo, em quem eles já haviam identificado o Barros Otávio, do Rio Doce. Alugaram um avião e saíram rondando a caatinga e o babaçual até as fronteiras do Piauí, na esperança de localizar o fugitivo.

Ao amanhecer do dia, já haviam trocado de montaria numa fazendola de conhecidos de Julião. Com a viagem batida o dia todo, ao entardecer, acharam prudente trocar novamente de cavalos noutra fazenda de amigos do guia, para dar uma esticada pela noite adentro até alcançar a estrada de Duque de Caxias. Já de madrugada, deram com a rodovia.

— Aí está, seu Pedro. Minha incumbência está chegando ao fim. O sol vem despontando e os primeiros caminhões vão começar a passar. Assim que o senhor conseguir carona num deles, eu daqui vou voltando. Algum recado para o pessoal de Barra do Corda?

— Julião, você foi um guia seguro, deveras conhecedor desse mundão de terras que varamos. Seu trabalho chega ao fim e eu lhe fico agradecido. O que você fez não tem preço, companheiro. Diga ao Tatá que ele está de parabéns pelo guia que escolheu. Mas muito cuidado ao entrar em contato com o Tatá. A gente não sabe o que aconteceu com ele.

— Pode deixar que eu cá tenho como me comunicar com ele. Lá vem um caminhão. Vamos ver se ele para.

Dito isso, caminhou mais para a margem da estrada e deu sinal. Despediram-se e, aboletado na espaçosa cabine do fenemê, lá se foi Pedro para Duque de Caxias. Pouco tempo de viagem, que já estavam perto da cidade. Teve sorte, pois o caminhão prosseguiria para Teresina. Almoçou junto com o motorista e pagou sozinho a conta para conquistar mais a simpatia dele. E já ao anoitecer, chegou a Teresina.

Sujo, barbado, sapato enlameado, mais de uma vez Pedro surpreendeu o olhar de soslaio do caminhoneiro. Forçando uma conversa, Pedro conseguiu tranquilizar o homem. Contou que era comprador de cereais na região fronteiriça do Maranhão com o Piauí, fechara bons negócios e agora regressava ao Rio. Sua bagagem ficara no hotel, em Teresina. Tudo isso sendo dito fragmentariamente no meio da conversa, a fim de que não ficasse parecendo uma explicação. Era papo de estrada, e por ele também ficou sabendo que o motorista era de Pernambuco, ardoroso partidário de Miguel Arraes e muito contrariado pelo "desrespeito de prender um cidadão, um governador de estado como se fosse em cafajeste qualquer".

— É, deveras — disse Pedro, e o motorista prosseguiu:

— Por aí o senhor vê que nós agora estamos sem garantia. Se fazem isso com um governador, um homem querido como Miguel Arraes, que a maioria dos Pernambucanos votou nele, o que não serão capazes de fazer com os pequenos como nós? Sei não, eu cá ando achando que essa gente da chamada Revolução está começando muito mal. É só reparar que eles estão contra os políticos mais do povo, como Jango, Arraes, Brizola e Julião. Se eles são contra esses políticos, eles são contra o povo. Não adianta disfarçar. Não demora muito e vão contar direitinho o que eles são. Deus me livre dessa gente chamada UDN. Inda mais de braço dado com os dois soldados: o do exército e o da polícia.

Pedro riu gostoso, uma risada que fazia muito não dava. Despediu-se, gratificou bem o chofer e lá se foi pelas ruas da cidade grande. Era dia de Corpus Christi e ele deu de cara com a procissão que desfilava pelas ruas. Sob o pálio, ladeando o bispo dom Avelar Brandão, iam o governador Petrônio Portela — que por pouco escapou de ser preso também, Pedro ficou sabendo depois — e o comandante militar local, fardado de gala e com pose de autoridade suprema.

XIV

Arranjando identidade

— Seus documentos, por favor — falou o recepcionista do hotel, o melhor que Pedro encontrara ao entrar em Teresina, que hotel muito modesto nunca é aconselhável numa situação como a de Pedro.

— Escuta, moço, estou sem documentos e sem bagagem, que perdi tudo lá na estrada de Bacabal.

— Assim vai ser difícil aceitar o senhor aqui. Com estes tempos de Revolução, a polícia, por exigência do exército, está fiscalizando muito a entrada de hóspedes no hotel. Dizem que é por causa dos subversivos que estão fugidos por esse Brasil afora.

— Já prenderam algum por aí? — perguntou Pedro, para estender a conversa e ganhar as boas graças do recepcionista.

— Aqui no hotel, a bem da verdade, ainda não. Mas na cidade já fizeram muitas prisões. E não ter documento de identidade, vai preso.

— Quer dizer que um assim como eu é candidato certo à cadeia?

— Não tenha dúvida. Se eles cismarem, não gostando do seu jeito, vão logo abordando e levando para o xilindró. Eles andam aí nas ruas, nos jipes do exército ou da Polícia Militar, catando gente de todo jeito. Dizem que o quartel e a cadeia estão lotados. O bispo dom Avelar Brandão é que tem soltado muita gente.

— Pois é, moço falou Pedro com firmeza eu cá não tenho receio disso, não, porque quem não deve não teme. Eu preciso é de um quarto bom, uma cama limpinha e macia, que ando cansado como o diabo pela viagem que venho fazendo, com o caminhão atolando a toda hora. Vou pagar uns cinco dias adiantados, e pode ficar tranquilo que não vai dar encrenca com a polícia, não. Dá-me a chave do quarto, tome aqui esta gorjeta para você e manda a ficha lá em cima para eu preencher.

Falando em tom superior e pondo logo o dinheiro das diárias adiantadas e da gorjeta em cima do balcão, Pedro recebeu as chaves e subiu para o quarto, doido para um banho e um sono reparador, já que estava há mais de 48 horas praticamente sem dormir. Para maior tranquilidade do recepcionista, avisou:

— Minha mala deve chegar amanhã pela manhã. Não me chame por isso. Fique com ela aí na gerência até eu acordar. Estou precisando descansar.

Dormiu como uma pedra o nosso Pedro. Lá pelas dez horas do dia seguinte, despertou e foi à janela, o gesto instintivo de olhar o tempo e reconhecer onde estava. Logo em frente, uma placa: Confecções Roma. Era o que ele mais necessitava, porque de roupas só tinha as imundas com que fugira da cadeia. Vestiu-se como pôde, desceu esgueirando-se e ganhou o interior da loja. Camisas, calças, cuecas, meias foram sendo escolhidas sem muito apuro. Envergou uma indumentária completa, pediu que embrulhassem as outras peças, recomendando que chegaria uma mala para que fossem acondicionadas e mandadas para o hotel. Saiu lampeiro, com aquela boa sensação de vestir roupa limpa, rumo à casa de artigos de couro das proximidades. Mandou que levassem a mala à casa de confecções e voltou ao hotel. Na portaria, disse ao recepcionista que sua mala estava por chegar e que a mandasse para seu quarto.

Depois de todas essas manobras, foi tomar um reconfortante café da manhã e dar uma espiada nos pobres jornais locais. A maior parte do noticiário estava ocupada com as reviravoltas políticas do governador Petrônio Portela se adaptando aos novos detentores do poder central. Afinal, nas vésperas do golpe, ele telegrafara a João Goulart solidarizando-se enfaticamente com a política de reformas de base e condenando o golpe que estava em marcha. Desfazer isso, mesmo para um político hábil como ele, não era tarefa fácil, inda mais que a UDN piauiense dava mostras de não confiar no governador.

Dali saiu pra um primeiro reconhecimento da cidade. Tinha razão o recepcionista do hotel. Havia de estar com os olhos abertos. Ninguém conseguiria, sem documento de identidade, conviver durante muito tempo com o estado policial que se implantava. A "Redentora" — da magistral alcunha de Stanislaw Ponte Preta — estava tal e qual novilho ao se transformar em boi: queria provar, a todo momento, que tinha chifres. E como chifrava! Volta e meia Pedro tinha que retroceder de uma esquina ou mudar de calçada, porque logo adiante uma patrulha de soldados tomava a identidade dos transeuntes. E não havia contemplação: sem identidade, era camburão no incauto e que fosse se explicar ao oficial do dia.

Precatando-se, Pedro foi logo a uma papelaria, comprou uma pequena pasta de couro, blocos de papel, envelopes, e lá veio a ideia: impressos para pedidos comerciais. Iria procurar passar por viajante carioca, vendedor de eletrodomésticos, ramos em que não era analfabeto devido a suas incursões pelo terreno da publicidade ainda em Governador Valadares. Mas e a identidade? Voltou ao hotel para escrever cartas, comunicar ao Simão da Cunha onde se encontrava e dar tratos à bola de como sair da entaladela da falta de documentos.

Enquanto não encontrasse solução, o jeito era ir levando uma vida a mais discreta possível, visitar algumas firmas comerciais, conversar com os gerentes simulando uma pesquisa de mercado, encher o tempo com alguma coisa a fazer. Mas não ficar no hotel em horário comercial, que daria para desconfiar. Havia que andar nas ruas, sempre de olho para não ser abordado por alguma patrulha policial. E, sobretudo, pensar muito na busca de uma saída para a identidade. De tanto cutucar a imaginação, lá veio finalmente a ideia: empenhar o relógio na Caixa Econômica Federal e ter a cautela da Caixa como prova de identidade. Mas, ao tentar fazê-lo, foi lhe pedida a identidade. Pensou um pouco e pediu para falar ao gerente. Contou que era viajante do Rio, que, ao vir de Bacabal para Teresina, o caminhão em que viajava atolou. Deixou na cabine sua maleta e paletó com carteira de documentos e dinheiro. Chegou mais gente de outros veículos para ajudar. Desatolado o veículo, enquanto os outros partiam, voltou à cabine e seus pertences haviam se evaporado. Naquela confusão, foi impossível recuperar qualquer coisa. Estava, assim, em dificuldade, sem dinheiro, precisando se comunicar com a firma no Rio. O jeito era empenhar o relógio. Mas como fazê-lo sem identidade? Apelava então à solidariedade humana do gerente para empenhar o relógio sem exibir identidade, embora até soubesse o número dela. Ademais, estava hospedado no Grande Hotel, como poderia ser facilmente comprovado.

Tocado pela história de Pedro, o gerente autorizou e foi feita a cautela — papel com as armas da República — com o nome completo, filiação, naturalidade, profissão, estado civil, residência no Rio, número da carteira de identidade, etc. Enfim, mal ou bem, Pedro estava documentado.

XV

Quase apanhado no dia da cassação de Juscelino

Já estávamos entre fins de maio e princípios de junho. O grande rumor que tomava os jornais e as rodas políticas que se formavam na sala de estar do hotel era a cassação de Juscelino Kubistchek, que todos acreditavam próxima. Numa ocasião, sentado na sala e lendo o seu jornal, Pedro pôde ouvir a conversa em que pontificavam um deputado federal de passagem por Teresina e um político que se dizia da equipe do governador Petrônio Portela. Enquanto este levantava dúvidas sobre o acerto para a "Redentora" em cassar um líder como Juscelino, o deputado explicava, com alta dose de cinismo, que "seria jogar a Revolução pela janela deixar Juscelino disputar livremente as eleições de 1965. Quem tem dúvida de que ele vai ganhar? Terá a seu lado os que foram atingidos pelo movimento e todos os descontentes com a marcha dos acontecimentos. Será o estuário onde o pessedismo manhoso vai se encontrar com o populismo derrotado pela força das armas". E arrematava, incisivo: "Todo o nosso esforço para pôr em marcha a Revolução estaria irremediavelmente perdido. O que conquistamos pelas armas nos seria arrebatado pelo voto. E será que os senhores não percebem que isso não vai acontecer, simplesmente porque não deve e não pode acontecer?".

Outro participante da roda, que Pedro não conseguiu saber ao certo quem era, mas que se mostrava muito bem informado, interviu para dizer que cassar Juscelino seria até uma ingratidão da Revolução. E contava uma história, segundo a qual Juscelino é quem garantira a eleição de Castelo

Branco no Congresso. Revelava que Castelo fora até o apartamento de Juscelino, no Rio, pedir-lhe os votos pessedistas capazes de garantir sua eleição para presidente, comprometendo-se, entre outras coisas, a garantir as eleições presidenciais de 1965. Diante disso, Juscelino apalavrou ali mesmo seu apoio a Castelo. Tanto isso é verdade, dizia o mesmo senhor, que logo no dia seguinte foi Juscelino procurado por um grupo de trabalhistas e pessedistas, dentre eles o ex-ministro do trabalho Amauri Silva, "que foi quem me contou essa parte", dizia como que para afiançar mais ainda suas revelações. Esse grupo queria o apoio de Juscelino à candidatura do general Amauri Kruel à presidência, como uma maneira de romper a unidade dos militares, especialmente o espírito udenista e autoritário dessa unidade. Mas Juscelino fez ver a eles que já era tarde. Tinha dado sua palavra de apoio a Castelo e não poderia recuar mais. Contava, então, que o ex-ministro Amauri Silva — depois de insistir com Juscelino, mostrando o erro da sua posição, e diante da reiterada negativa do político mineiro em romper com a palavra empenhada — desabafou: "Pois o senhor, meu caro presidente, será uma das primeiras vítimas desses militares".

Já mais tranquilo com a cautela da Caixa Econômica na algibeira, Pedro começou a cuidar de sua viagem ao Rio. Em suas conversas com o Tatá ainda em Barra do Corda, soubera que Simão da Cunha procurara o ministro Milton Campos, da Justiça, a fim de conseguir alguma garantia para a integridade física de Barros Otávio. Foi aconselhado pelo ministro a recolher o foragido numa embaixada, porque se ele fosse preso, nem ele, Milton Campos, poderia garantir sua vida. Realmente, foi nesse sentido que chegou a resposta à carta de Pedro, enviada já de Teresina. Por um portador de confiança, um deputado federal amigo, Simão da Cunha enviava mais recursos financeiros e dizia ser imprescindível que Pedro estivesse no Rio entre os dias tais e tais, num ponto fixado, e concluía: "Seu único caminho agora é uma embaixada".

Assim que recebeu a carta, Pedro procurou seu amigo Machado na Agência da Vasp. Tornara-se amigo de mesa de bar do Machado, de tanto passar pela agência para, sob o pretexto de um ou outro pedido de informações, convidá-lo para um café, que era sempre uma cerveja geladinha bem na hora do almoço. Na cerveja desse dia, Pedro contou a Machado os maus momentos que passara em Teresina. Repetiu a história contada ao gerente da Caixa Econômica, aduzindo que felizmente já chegaram os recursos pedidos à firma no Rio, devendo então viajar por aqueles dias, acrescentando:

— Tenho um problema, meu caro Machado. Conforme você viu, fui roubado até nos meus documentos. A única prova de que eu sou eu é esta cautela da Caixa Econômica, onde empenhei meu relógio a fim de me comunicar com a firma. Será que consigo embarcar com isso?

— Vou dar um jeito para você. Sou muito amigo do sargento que fiscaliza o embarque lá no aeroporto. Vou conversar hoje de tarde com ele. Aliás, você vai comigo até lá. Vamos conversar juntos com o sargento hoje.

E assim foi feito, conseguindo Pedro viajar na data certa para estar no Rio no período fixado por Simão da Cunha. Ao embarcar, Machado ainda teve a ideia de apresentar Pedro ao comandante do avião, a quem contou toda a história, pedindo a proteção do oficial para o amigo. E foi o que valeu, porque, ao chegar a Brasília, exatamente no dia da cassação de Juscelino, os passageiros em trânsito foram convidados a comparecer ao balcão da empresa "com suas respectivas identidades". Um frio perpassou a espinha de Pedro. No balcão, ao tentar explicar ao jovem funcionário que estava viajando sem identidade, foi ele logo chamando a polícia, e Pedro foi detido. O que salvou foi o comandante do avião, que, solicitado por Pedro, assumiu sua defesa, dizendo conhecer todo o caso e que até firmava um termo de responsabilidade se necessário. E o comandante do avião era coronel da reserva, tinha a qualidade que mais valia naqueles tempos. Não houve dúvidas para a polícia brasiliense, e Pedro pôde seguir viagem em paz.

XVI

Falhou o primeiro asilo

Dentro do prazo fixado e no lugar certo, lá estavam Simão da Cunha e mais dois irmãos, Ildeu e Olavo, para o encontro de Barros Otávio. Foi um alegrão. Pinga boa, lá das bandas de Abaeté, cerveja e um papo sem tempo, rememorando os acontecimentos, varando a noite até a madrugada. Enquanto Ildeu — ferrenho partidário da "Redentora", mas disposto a tudo fazer para ajudar Barros Otávio, que agora deixava de ser Pedro — se mantinha um tanto discreto, Simão dava seu depoimento de deputado que desde a primeira hora não acreditara na Revolução de seus companheiros da UDN:

— Desde o início tive minhas restrições ao movimento pela derrubada de Jango, dado seu caráter eminentemente militar. Por uma questão de princípios, sou dos que não concordam com a intromissão dos militares, como militares, em política. Se algum deles tem vocação política, que venha para a disputa nas urnas como cidadão. Nunca como militar, protegido com as armas que a nação lhes dá para desempenhar missão constitucional. Caso contrário, estaria desrespeitando o ordenamento legal e agindo como usurpador violento das funções dos civis. E se tinha restrições dessa ordem, o desenrolar dos acontecimentos, ainda mais argumentos me trouxe para que hoje eu tenha uma posição bem definida contra a chamada Revolução. Assisti, por entre estupefato e revoltado, ao embaixador norte-americano Lincoln Gordon, com cachimbo e tudo, tomar assento à Mesa do Congresso Nacional e comandar abertamente a eleição de Castelo Branco para a presidência da República. Uma afronta inominável a um país como o Brasil, que não é mais uma republiqueta e que, no governo de Juscelino, soube repelir com altivez as insolências do FMI. A continuar assim, eu lhes digo, não demorará muito e eu serei um dos cassados.

E foi, mas essa é outra história. Ali, naquela hora, uma definição clara e corajosa como a de Simão da Cunha deixava Barros Otávio exultante de contentamento. Porque estava claro que a "Redentora" tinha pernas curtas e iria crescer como rabo de cavalo no respaldo popular: para baixo. Não importava toda a força e vigor que estivesse demonstrando, encarapitada nos dólares fáceis que os norte-americanos proporcionavam naquela hora, como também na força militar pura e simples. Sua impopularidade iria crescer na proporção mesmo em que ela fosse revelando a sua própria natureza. E chegaria ao ponto culminante no momento de pagar as faturas que os americanos, como bons banqueiros, terminariam por apresentar. Aí seria o fim da festa.

Nessa altura a conversa tocou o final. Foi acertada para o dia seguinte, às 13 horas, a entrada na Embaixada do Uruguai. Pulando o muro, que a vigilância policial não permitia que ninguém entrasse normalmente nela sem controle. E assim foi feito: enquanto Ildeu dirigia o carro com Simão e Barros Otávio, foi feito um primeiro reconhecimento do local, avaliada a altura do muro. Mais uma volta no quarteirão, uma meia parada em frente ao muro com gradil, e lá se foi Barros Otávio para saltá-lo. Os policiais postados nas imediações perceberam a manobra, mas já era tarde. De um salto, o novo asilado pulou o muro. Imediatamente foram fechadas as portas da embaixada, ficando Barros Otávio confinado ao jardim. Do lado de fora, magotes de policiais para prendê-lo.

— Aguenta firme aí que a polícia não pode entrar — gritou Ildeu. Nós vamos conseguir jeito de abrir a porta da embaixada.

Qual nada. Saiu foi o embaixador para exigir que Barros Otávio desocupasse o jardim. Dos prédios vizinhos, gente em penca nas janelas gritando para que abrissem a porta da embaixada. Uma velhinha, terço na mão, bradava:

— Deixa o moço entrar. Em nome de Cristo, que Cristo é dos perseguidos.

E essa foi a cena da tarde toda, com populares gritando a favor do asilado e a polícia vociferando ameaças de entrar no jardim para prendê-lo. Havia populares que passavam frutas e até comida pelos gradis. Com a entrada da noite, diminuiu o movimento. Era cerca de meia-noite quando o embaixador tentou expulsar Barros Otávio dos jardins da representação uruguaia. Fez entrar uma dupla, Cosme & Damião da Polícia Militar, ordenando-lhes retirar o asilado.

— Impossível, senhor embaixador. Nós não podemos tirar um refugiado do jardim de uma embaixada.

— Mas eu sou o embaixador e quero que os senhores saquem de acá esse tipo.

— Sentimos muito, senhor embaixador, mas as ordens só recebemos do comando de nossa unidade.

Dito o que, lá se foram eles no passo tranquilo do policiamento que faziam rotineiramente. A rua já se encontrava praticamente deserta. Num golpe de audácia, Barros Otávio agarrou o embaixador pelo gogó, quase o sufocando, e disse:

— Agora quem não quer ficar aqui sou eu. Vamos até o portão. Eu tomarei o primeiro táxi que passar, seu filho da puta.

Vagarosamente, à cata de passageiros, surgiu um táxi. Nele embarcou Barros Otávio, enquanto o embaixador corria ao interior do edifício, certamente para avisar a polícia. Já era tarde, mais uma vez Barros Otávio escapara.

XVII

Juscelino e o coronel

Dias depois, mediante prévio entendimento, Barros Otávio conseguiu asilar-se na Embaixada da Bolívia, pondo fim à perseguição policial que lhe era movida desde os violentos acontecimentos de fins de março e princípios de abril em Governador Valadares. Estávamos então em junho. A "Redentora" alcançava o auge de sua repressão desabrida. Listas e mais listas de cassações e suspensões de direitos políticos já haviam sido publicadas. A qualquer momento um cidadão poderia ver seu nome estampado numa lista de cassações, e passava a engrossar a legião crescente dos proscritos políticos. E sem o menor direito de defesa. Era de se ver o farisaísmo de lideranças políticas, que até poucos meses atrás enchiam as bochechas de liberdade e democracia — "luta contra as ameaças ditatoriais do janguismo e sua República Sindicalista", como gostavam de proclamar com voz tremelicante, agora aplaudindo e estimulando a repressão desaçaimada até sobre seus colegas de Parlamento. Desempenharam o triste papel de vivandeiras de quartel, reclamando aos berros que os militares derrubassem o governo constitucional e se instalassem no poder "para garantir a ordem contra os arruaceiros da esquerda". Depois que o monstro do autoritarismo militar se implantou, muitos deles foram até suas vítimas, numa implacável ironia da história. Exemplo: Carlos Lacerda.

Eram os tempos em que os quartéis foram transformados em prisões, com centenas e centenas de detidos pelo simples delito de serem partidários do governo deposto, ou até simplesmente porque não concordavam com a chamada Revolução. Uma nova assombração amedrontava a nação: eram os chamados Inquéritos Policiais Militares, os tristemente célebres IPMS, que, fazendo tábua rasa de nossas melhores tradições civilistas, instituíam agora a aberração jurídica de civis serem julgados por militares em tempo de paz e por supostos delitos da estrita vida civil. Tristes tempos que a nossa memória histórica há de abominar por todo e sempre.

Foi nessa época que se publicou o que diziam ser a última lista de cassados, o chamado Listão de mais de duzentos nomes em que Barros Otávio figurava, e que também praticamente provocou a saída de Juscelino do país. Cassado ele já estava numa das listas anteriores. Mas sua presença no Brasil, quando ainda se falavam em eleições para 1965, incomodava e desassossegava os novos donos do poder. O Serviço Nacional de Informações, o tenebroso SNI, engendrado nas lucubrações ditatoriais dos Golbery e que copiava o modelo norte-americano, ensaiava seus primeiros passos. Tateante ainda, o monstrengo já caminhava e prestava seus primeiros serviços. Juscelino foi uma de suas primeiras vítimas. Expulsá-lo do país, pura e simplesmente, era arriscado para eles. Afinal, o ex-presidente tinha estatura de líder incomum. Ademais, toda a nação sabia que ele era candidato nas eleições que se avizinhavam. Se já o haviam afastado do páreo com a cassação, expulsá-lo seria dose grande demais. Poderiam surgir reações, inda mais que jornais — mormente o *Correio da Manhã* — já perfilavam uma posição nitidamente oposicionista, proliferando diariamente os desmandos da "Redentora". No *Última Hora*, Sérgio Porto, o grande humorista Stanislaw Ponte Preta, satirizava diariamente a Revolução como um "Festival de Besteira que Assola o País – Febeapa", e lhe pespegava o apelido de "Redentora", que colou definitivamente.

Mobilizando pressões daqui e dali, vigiando como perdigueiros todos os passos do grande ex-presidente, amedrontando seus amigos e familiares, foram criando para ele um clima insuportável. Deixar o país ficou sendo praticamente a saída de alívio. E Juscelino decidiu viajar para o exterior.

Mesmo em se tratando de um cassado, de um líder político visado pela repressão, muitos dos seus amigos afrontaram os perigos da hora e foram até o seu embarque no Aeroporto do Galeão. Enquanto aguardavam a partida, formaram um grupo compacto em volta de Juscelino. Todos queriam lhe falar alguma coisa, todos queriam ouvir uma palavra do grande homem público. Rondando em volta, estavam os policiais, agentes do SNI e também militares de serviço na Base do Galeão. Na sua arrogância e prepotência características, eles começaram a se sentir incomodados com o ajuntamento em volta de JK. Consultaram-se. E lá pelas tantas — jornais da época publicaram a fotografia da cena vergonhosa e que bem refletia a mentalidade que essa gente levava para o exercício do poder —, um tal coronel Corrêa sacou o revólver e ordenou a todos que se afastassem de Juscelino. Se a inopinada brutalidade da cena deixou muitos perplexos e até paralisados, houve também os que souberam reagir com serena firmeza e decisão. Um dos amigos de JK, num movimento rápido e certeiro, golpeou o pulso do coronel, que deixou a arma cair. Colegas de farda do desatinado oficial intervieram e conseguiram contê-lo a tempo de evitar que o pior acontecesse.

XVIII

Chegada à terra dos incas

Roncando como um possesso para galgar a cordilheira, lá ia o velho avião boliviano levando um magote de brasileiros para o exílio em La Paz. Dentre eles, Barros Otávio.

— Veja lá embaixo, caro jornalista — falava o secretário da embaixada boliviana que viera acompanhando os exilados — a marca da reforma agrária, que fizemos aqui e que vocês foram impedidos de realizar, pelas áreas cultivadas e as cores contrastantes de um ou outro tipo de plantação. Estamos sobrevoando já a região de Cochabamba, um dos maiores núcleos de camponeses revolucionários da Bolívia. Antes de 1952, esta vastidão toda era ocupada pelos latifúndios improdutivos, e nosso país importava quase tudo de comer. Hoje, sem nos determos pelos vários aspectos econômico-sociais que a reforma agrária como a nossa suscitou no país, frisamos apenas que a Bolívia está perfeitamente abastecida de alimentos e até já exporta algo.

Reforma agrária, reformas de base, luta pela terra, sindicato dos lavradores, milícias dos fazendeiros, Titão, tiroteio na praça João XXIII, a defesa de *A Batalha* — as lembranças todas rodopiavam como um caleidoscópio na cabeça de Barros Otávio, enquanto o jovem diplomata boliviano seguia falando:

— Não foi fácil conquistar essa realidade nova que vocês estão vendo lá embaixo. Custou tudo muita luta, sofrimentos sem conta e muito sangue correndo nos dias da Revolução de 1952. Quando estiverem em La Paz, vou visitá-los sempre no hotel. Precisamos conversar muito.

Quero lhes mostrar que a Revolução de 1952 mudou a Bolívia e sua história. Aqui é assim: antes e depois da Revolução de 52. Vocês conheceram o embaixador lá no Brasil. Pois bem, aquele homem de aparência calma e postura de diplomata lutou como um leão nesses campos aí embaixo. De armas na mão, comandou as milícias de camponeses nas refregas da Revolução. A embaixada no Brasil para ele é como que o repouso do guerreiro. Mas já anda farejando coisas. Está inquieto com a situação na América Latina e seus reflexos na nossa Bolívia. Tem ânsias de regressar e assumir o seu posto entre os camponeses de Cochabamba.

Roncavam os motores do avião, agora sobrevoando os picos de neve eterna do braço ocidental dos Andes. Chalcataya, Liimani, picos de mais de seis mil metros, quase alcançando as alturas do avião. À frente, se estendia o imenso tabuleiro do Altiplano, que é a grande planície entre os dois braços da gigantesca cordilheira. Há quem afirme que ali foi mar. Aliás, em vários pontos da sua superfície, pode-se extrair sal simplesmente cortando o chão com uma enxada ou cavadeira. Com altura média de três mil metros, o Altiplano é coberto de capinzal ralo. Sua árvore mais alta se chama "tola", e tem de sessenta a oitenta centímetros de altura. Se maior fosse, não resistiria certamente à ventania constante que varre aquelas grimpas. Um panorama lunar, com seu solo cheio de pedras soltas esparramadas por toda a sua extensão, muito parecido com o que se pôde ver depois, quando os astronautas americanos passearam na Lua. Simplesmente desolador, completamente diferente das terras amazônicas da Bolívia, que ficaram atrás quando foi sobrevoada a região de Santa Cruz de la Sierra. E mesmo aí, as marcas da reforma agrária: de tanto em tanto, a casa de um camponês, seu rebanho de ovelhas e de lhamas e a indefectível plantação de papas, que é o nome ali da batata que conhecemos por inglesa — nem se sabe o porquê, pois é ela originária dos Andes. Os incas a cultivavam intensamente e era mesmo a base de sua alimentação, com cerca de setenta espécies. Para defender sua germinação daquela ventania doida, eles punham uma pequena pedra sobre a cova. Curiosas as casas desses habitantes do Altiplano, com formato de iglu de esquimó, sem janela, entrada baixa e estreita, com um ou outro respiradouro no teto. Feitas da argamassa de barro batido, tirado ali mesmo à sua volta, têm aquela coloração parda indefinível do próprio solo. Tipo da arquitetura realmente funcional, porque defende muito bem os moradores da ventania constante e do frio polar, pois que no Altiplano neva sempre pelas madrugadas. No rigor do inverno — se é que há verão por aquelas bandas —, os camponeses levam uma lhama à noite para dentro de casa. É a estufa natural. Ao lado da casa, uma área limpa e varrida como um terreiro de café se destina a desidratar a batata. Uma técnica que os cholos — assim se dominam os índios bolivianos atuais, e poderia ser traduzido por caboclo, nativo — herdaram dos incas. Consiste em espalhar as batatas naquele terreiro, para receberem durante o dia o sol constante do Altiplano, onde, aliás, nunca chove. Durante a noite, as batatas sofrem a ação do frio cortante e da neve da madrugada que as recobre inteiramente. O sol penetrante do dia — um sol mil metros mais próximo derrete a neve e vai ressecando as batatas. Esse processo dura dias, até que as batatas fiquem secas, duras como um pedaço de couro, inteiramente desidratadas, podendo ser conservadas mais de ano. Assim faziam os incas, e as batatas eram guardadas nos armazéns familiares e nos armazéns públicos.

Era uma sociedade relativamente organizada, com espírito comunitário e com progressos técnicos interessantes, a ponto de erigir monumentos belíssimos como o da cidade indígena de Machu Picchu. Mas — e isto é de pasmar — dizem os entendidos que eles não conheciam a roda. Tudo era transportado nas suas costas ou nas costas das lhamas, que, por sinal, é um animal que produz leite, lã e carne para os cholos e ainda lhes serve de estufa e besta de carga. Mas não carrega nunca mais de cinquenta quilos. Se põem cinquenta e um quilos, ela simplesmente deita e amua, e não há quem a faça andar com aquele quilo a mais. Também os cholos — Barros Otávio pôde ver isso depois nas ruas de La Paz carregavam tudo nas costas. Era de se vê-los transportando nas costas um homem sozinho, aquele imenso guarda-roupa, ou um fogão e outras coisas. E o faziam com uma técnica especial, construindo um perfeito balanço com a postura do corpo ligeiramente inclinado para a frente e o tipo de passos que dão, miúdos e saltitantes, bem nas pontas dos pés. Havia alguma coisa de cooli chinês nesses cholos carregadores de La Paz. Aliás, não só no tipo de suas feições como noutros traços de sua vivência, puderam os exilados brasileiros ver depois que há carradas de razões nos pesquisadores que descobriram origem oriental nos incas, que teriam vindo através da imensidão do Pacífico, saltando de ilha em ilha. Ou os cataclismos que sacudiram a terra nas suas origens, deslocaram mares e separaram continentes. Sabe-se lá o que eram. Outras muitas e muitas coisas nesse país estranho que é a Bolívia, aguçavam a curiosidade dos exilados que chegavam. E infundiam, desde logo, uma grande ternura por esta terra e seu povo.

Os motores do avião amainaram a zoeira do esforço de voar por aquelas alturas e os exilados puderam ver o Aeroporto de El Alto, na borda final do Altiplano. Depois de uma queda brusca de uns trezentos a seiscentos metros desde a sua superfície, como que dentro de uma grande cratera, está La Paz, a capital dos bolivianos.

XIX

Chá de coca "em tona"

Já ao pé da escada do avião, um grupo de exilados, vindos nas levas anteriores, recebeu seus novos companheiros. Ao todo, na Bolívia, chegaram a exilar-se uns trezentos brasileiros, entre os que vinham através da embaixada e os que se refugiavam em território boliviano cruzando a fronteira em vários pontos, de Guajará-Mirim até Corumbá.

— Sejam bem-vindos, companheiros. Se o exílio é duro, aqui na Bolívia é duríssimo. Entreguem tudo o que vocês estão carregando nas mãos para os colegas que estão aqui. Não carreguem nada, peso nenhum. Andem devagar e respirem fundo, que aqui estamos a mais de três mil metros de altitude. Se sentirem tonteiras ou uma dorzinha na perna, parem e, se possível, sentem. Não adianta querer bancar o durão, que o choque dessa altitude não é brincadeira.

Assim ia falando um exilado grandalhão — que depois Barros Otávio soube ser um médico fluminense — para o grupo dos recém-chegados, todos muito pálidos e já começando a acusar as consequências da altitude.

Do avião até a estação de passageiros, a distância pareceu enorme a todos eles. E lá se foram, uns dez ao todo, comboiados pelos companheiros veteranos, andando lentamente como num cortejo fúnebre. Era de se vê-los, com as roupas de Rio de Janeiro e naquele frio de quatro a cinco graus centígrados, que nunca dantes experimentaram. Cabelos em desalinho, pálidos e já com os lábios arroxeados, açoitados pela ventania inclemente do Altiplano e tiritando não só de frio, mas principalmente pelo mal-estar que ia tomando conta de todos.

Já no salão do aeroporto, foram logo se atirando sobre as poltronas, cansados como se viessem de uma longa caminhada. Os veteranos lhes davam toda a assistência possível, até mesmo emprestando-lhes os próprios agasalhos. Livres do frio e reanimados pelo repouso, travou-se entre todos um animado bate-papo. Os que chegavam davam as mais recentes notícias do Brasil, passavam jornais e revistas para seus companheiros e se mostravam curiosos por saber das condições de vida naquele lugar estranho em que foram esbarrar. Os veteranos se desdobravam para atender à curiosidade dos novatos, tudo fazendo para animá-los e impedir que ficassem deprimidos.

— Companheiros — falou alto para todos ouvirem aquele exilado grandalhão que exercia praticamente um papel dirigente do grupo — nós reservamos a vocês lugares no hotel onde quase todos estamos hospedados. É um hotel modesto, mas acolhedor e barato. Os que quiserem depois ir para um hotel melhor, poderão escolher com calma. Também já há companheiros procurando casas para alugar e formar habitações de grupos de exilados. Aos poucos vocês vão entrando em contato com eles. Até o momento, somos aqui em La Paz uns cem ou mais. Já estamos nos organizando, mas sobre isso conversaremos amanhã. Agora é rumar para o hotel e descansar.

— Senhores — falou, no seu português carregado, um boliviano baixo e atarracado, chapéu na cabeça, que se aproximou do grupo —, sou da polícia, do Control Político. Os senhores que acabam de chegar terão que ir primeiro à chefatura comigo.

— Espera aí, senhor — interviu o médico fluminense. — Os recém-chegados não estão se sentindo bem, pela altura e pelo frio a que os brasileiros não estão acostumados. Vieram para ficar. Estão no hotel conosco. Deixe essa ida à polícia para amanhã. Nós nos responsabilizamos.

— De jeito nenhum! As ordens que tenho são essas. E a caminho, que o general San Roman está nos esperando — falou imperativo o tira boliviano.

E houve que cumprir a formalidade. Era o aparelho policial boliviano se revelando, como que para avisar de sua presença. Por trás de tudo deveria estar o dedo da embaixada brasileira, que nos primeiros tempos de exílio se esmerou em criar problemas para os exilados, atormentar a vida deles, dificultar tudo, mostrar que o braço da repressão chegava até o exterior.

Finalmente alojados no hotel, quando pensaram que poderiam repousar, começou a fase do enjoo, talvez agravado pelo esforço que fizeram de ficar horas a fio na polícia do general San Roman. Foram todos acometidos de um forte mal-estar. Tontos, muitos vomitando tudo o que haviam comido no avião, os recém-chegados passaram por momentos amargos. Até que o velho e experiente advogado Margarino Torres, já veterano de Bolívia, andou de quarto em quarto, chaleira fumegante nas mãos, servindo chá de coca aos novatos. Medicação providencial que os exilados veteranos aprenderam com os bolivianos. As folhas de coca são vendidas livremente pelas cholas em várias esquinas de La Paz. O chá feito com elas tem ação analgésica sobre a musculatura do estômago e sobre o sistema vago simpático, segundo foi explicado. Faz cessar os espasmos do aparelho digestivo e "em tona", conforme dizem eles, isto é, recompõe a pessoa, põe fim ao mal-estar e às tonteiras.

XX

Uma revolução de verdade, a boliviana

Dando cumprimento ao que prometera ainda no avião, o secretário da embaixada boliviana no Brasil visitava regularmente o hotel, ministrando aos brasileiros um verdadeiro curso de Bolívia, sua história e seu povo. Vindos de uma acabrunhante derrota no Brasil, os exilados eram todos ouvidos. A curiosidade em saber como aquele povo irmão, esmagadoramente constituído de índios, os cholos, havia conseguido armar todo um projeto revolucionário e desencadeá-lo com ímpeto irresistível nas gestas de abril de 1952, se traduzia numa corrumaça de perguntas que o diplomata respondia com paciência e prolixidade. Posteriormente, a convivência com alguns bolivianos, principalmente o poeta Félix Rospigliossi e o artista Mário Arrieta, todos militantes políticos ativos, foi suficiente para que os brasileiros se familiarizassem com as coisas daquele país que inspirava tanta ternura desde a primeira hora. Uma história muito peculiar e fascinante.

Diferentemente do Brasil, os colonizadores espanhóis, ao chegarem à região do chamado Alto Peru — compreendendo a parte andina da Bolívia, o Peru, o Equador, parte da Colômbia e do norte do Chile —, não encontraram nativos vivendo ainda a era da pedra lascada. Lá estava uma das civilizações antigas mais curiosas, a dos incas. Movidos principalmente pela desenfreada caça às riquezas e à aventura, os Pizarro & Cia. caíram como aves de rapina sobre a prataria e o ouro da civilização incaica. Em nome da Coroa Espanhola e das convicções religiosas fanáticas, herdadas dos Torquemadas, da Santa Inquisição, pilharam, violentaram, mataram e conseguiram desbaratar e submeter o império dos incas ao domínio espanhol. Necessário se torna remontar a essa origem da dominação colonial espanhola para que se possa entender como uma minoria branca de origem espanhola sempre deteve o poder de estado, principalmente em países como a Bolívia, o Peru, o Equador e a Colômbia, enquanto a massa esmagadora de suas populações, mormente na Bolívia, é de origem incaica. Pode-se mesmo dizer que noventa por cento da população boliviana é de cholos. Ao se tornarem independentes da Coroa Espanhola, cada um desses países teve o poder de estado nas mãos da minoria branca que os colonizava. Não só porque as lutas pela independência nasceram do inconformismo com a voracidade da exploração da colônia — que já sacrificava até mesmo os interesses dos próprios espanhóis radicados nesses países —, como também porque era essa minoria que tinha condições intelectuais e materiais de se rebelar contra a Coroa espanhola, lutar e vencer. Para a massa nativa da população, pouco ou nada interessavam as lutas que se tramavam pela independência. Era "luta de brancos", conforme diziam. Quando muito se podia encontrar soldados cholos na massa das tropas de Bolívar, Sucre e Santa Cruz, os marechais-libertadores como ficaram conhecidos, em que pese a pregação nativista americana de vultos como Bolívar.

Portanto, no estado nascido da vitória da guerra pela independência na Bolívia, por exemplo, estava consagrada — tanto quanto na época colonial — a dominação dos nativos pelos brancos. Somente que agora já não eram brancos espanhóis, mas sim brancos bolivianos. Um estado, instituindo a dominação de uma minoria sobre a maioria da nação, teria de ser — como na verdade o era — um estado profundamente repressor e até mesmo racista. O racismo dos brancos bolivianos atingia extremos tais que, antes de 1952, os cholos nem sequer podiam transitar pelas calçadas das ruas de La Paz. E, se o fizessem, tinham de abandoná-las se um branco por elas viesse. Dizem que os exércitos latino-americanos, com poucas e raras exceções, sempre se caracterizaram como uma força de janízaros a serviço da oligarquia de seus países. O da Bolívia tinha essa marca levada ao extremo mais odioso e caricato. A tal ponto que a oficialidade do exército recebia dois ordenados: um, o soldo do Estado, e o outro, cobrado nos guichês das grandes empresas de Patiño e Aramayo, dos barões do estanho e dos latifúndios.

Foi nessa moldura que se gestou a Revolução de 1952. Sob o bafejo da vitória na Guerra Mundial contra o nazifascismo, a intelectualidade se movimentou pela democratização do país. Imediatamente estabeleceu uma íntima ligação com o movimento operário, principalmente com a sua parte mais combativa e numerosa, que são os mineiros do estanho, cholos em sua totalidade, podemos dizer. Por sua condição de cholos, eram os mineiros, por sua vez, o melhor elo com os camponeses, todos eles cholos também e desumanamente explorados nos latifúndios. A oligarquia dominante — a "rosca", conforme o povo a denominava — sentindo-se ameaçada pelo crescimento do movimento popular e revolucionário, tornou mais brutal ainda a repressão. De certa feita, por exemplo, não trepidou em deter uns trinta líderes sindicais mais combativos, embarcá-los num avião para atirá-los, atados a pedras, no lago Titicaca. A pura e simples eliminação física ou a deportação dos líderes opositores era a rotina macabra. Paz Estensoro e vários de seus companheiros da liderança do movimento popular e revolucionário foram deportados para a Argentina. Muitos outros, como Rúben Júlio, líder em Santa Cruz de la Sierra, estavam refugiados no Brasil. No Peru, sempre rondando as fronteiras, estavam diversos líderes mineiros e camponeses, como Juan Lechin Oquendo e outros. Foi quando, em 9 de abril de 1952, explodiu a insurreição popular de La Paz. Como num rastilho de pólvora, ganhou a região mineira de Huanuni, Oruro, Potosi e Sucre, alastrando-se rapidamente para as concentrações camponesas de Cochabamba e da parte oriental do país.

Foi violenta a luta em La Paz. Sem perda de tempo, o exército mobilizou e lançou suas unidades frontalmente sobre as fábricas e os bairros populares, que eram os quartéis-generais da rebelião. Mais bem armados e superiormente treinados, os militares começaram a ganhar terreno e debelar o amotinamento popular. Houve um momento que até as lideranças principais buscaram asilo nas embaixadas estrangeiras. Siles Zauazo, por exemplo, que era um dos comandantes da insurreição, chegou a exilar-se na embaixada argentina. Parecia que tudo estava perdido, quando surgiram, na crista do Altiplano que se debruça sobre La Paz, as hostes dos mineiros de estanho. Imediatamente o comando do exército deslocou toda uma unidade de artilharia para conter os mineiros que desciam sobre a cidade. Com isso, aliviou a pressão sobre vários pontos da insurreição popular, que assim cobrou ânimo e começou a recuperar terreno. Siles Zuazo e seus companheiros voltaram a seus postos de luta.

O choque entre os mineiros e as tropas do exército se deu no bairro Bela Vista, situado bem na encosta do Altiplano, na periferia de La Paz. Foi violento e sangrento o confronto. Munidos de poucas armas de fogo, os mineiros, contudo, traziam não só as picaretas com que trabalhavam nas minas, mas também a dinamite que empregavam na abertura das galerias de mineração. Usando uma técnica especial, que consiste em atar quatro a cinco bananas de dinamite pelos pavios, acendê-los e rodopiá-los como numa funda, conseguem atirar a tremenda carga explosiva a quase cem metros. Também avançavam contra as peças de artilharia protegidos pelos acidentes da encosta e pelos miseráveis barracos da vila, chegando a meter pencas de bananas de dinamite pela boca dos canhões.

A refrega durou quase um dia. Quanto mais reforços eram deslocados para conter os mineiros, mais aliviado ficava o amotinamento popular que avançava noutros pontos da cidade. Finalmente, os mineiros romperam as linhas do exército e desceram em chusmas de milhares pelas ruas da cidade. Foi o colapso das forças do governo. Com a esperança de reagrupar suas fileiras para nova investida, refugiaram-se os remanescentes do exército na Escola Militar, juntamente com os cadetes. Mas os mineiros avançaram e a botaram sob cerco. Em meio do tiroteio intenso, ouvia-se cada vez mais amiúde o estrondo das explosões de dinamite.

Veio então a rendição, já com os grupos de mineiros dentro da própria Escola Militar. Foi impressionante a cena dos vencidos, obrigados a vestir pelo avesso o dolman de suas fardas e desfilar, presos, por entre as filas de mineiros enfurecidos, recebendo cusparadas e ouvindo impropérios. Estava vitoriosa a Revolução. Os exilados do exterior retornaram rapidamente, formando o governo popular sob a chefia de Paz Estenssoro. Entre seus primeiros decretos, estava o da Reforma Agrária radical, o da nacionalização das minas e o da dissolução do exército e sua substituição pelas Milícias de Mineiros, Operários e Camponeses, ficando seus remanescentes armados de pás e picaretas para abrir estradas. Foi de tal ordem a violência da luta que só em La Paz ocorreram mais de cinco mil mortes.

XXI

Montaram a corrupção na garupa da revolução

Um governo nascido de uma pujante revolução popular, como foi na Bolívia a de abril de 1952, tinha toda a sua força exatamente no movimento popular, especialmente dos mineiros, que eram a sua vanguarda mais combativa e organizada. Separar o governo dos mineiros era a maneira de esvaziá-lo e enfraquecê-lo, dobrá-lo e finalmente derrubá-lo. Para a consecução dessa empreitada, conluiaram-se todas as forças que a Revolução de 1952 golpeara e vencera: internamente, a "rosca", ou seja, a oligarquia dos barões do estanho, dos latifundiários e dos militares a seu serviço; externamente, os trustes e monopólios internacionais, principalmente os americanos e os ingleses, que sempre tiveram no estanho boliviano um dos seus negócios mais lucrativos.

Para se ter uma ideia de como a exploração estrangeira jugulava a Bolívia através do estanho, basta este fato: sendo o estanho um material estratégico de largo emprego, a Bolívia colaborou com o esforço de guerra norte-americano e aliado, aumentando sua produção nos dias da Segunda Grande Guerra a fim de que se pudesse criar toda uma reserva de segurança nos Estados Unidos. Foi a época em que os navios norte-americanos carrearam uma verdadeira montanha de minério de estanho para os Estados Unidos, e a preço praticamente congelado. Terminada a guerra, a reconstrução dos países desenvolvidos da Europa tinha fome de estanho; tocara, assim, a hora da Bolívia vender bem o seu produto a fim de financiar o desenvolvimento nacional e o bem-estar de seu povo.

Qual nada, pois que decidiram os norte-americanos lançar no mercado toda a montanha de minério que a Bolívia os ajudara a formar como reserva estratégica durante a guerra, e o fizeram a preços tais que desabou a cotação do estanho no mercado internacional, acarretando tremendo prejuízo à Bolívia, que não só sofreu uma queda brusca nas suas exportações de estanho, como também foi forçada a exportá-lo a preços vis. Foi essa manobra a responsável pelas dificuldades econômicas sufocantes que a Bolívia viveu no pós-guerra e que terminaram por gestar a Revolução de 1952.

Dependendo, assim, das cotações do estanho no mercado internacional, a Bolívia foi presa fácil do verdadeiro conluio conspirativo que se armou contra seu governo revolucionário. Sua situação de país mediterrâneo mais ajudava as manobras dos monopólios internacionais e seus aliados internos. Aviltados ao extremo os preços do estanho, com a produção agrícola insuficiente para as suas necessidades e sofrendo a consequência de uma reforma agrária que apenas se iniciara, a Bolívia se viu enrascada em dificuldades econômicas tais que a qualidade de vida de seu povo — já de si nada boa — deteriorou mais ainda, ficando mesmo insuportável.

Encalacrado nessa situação sobremaneira difícil, o governo dirigido pelos intelectuais da Revolução de 1952 não teve qualidade para enfrentar e dar solução popular aos problemas do país. Necessitando pôr em marcha a economia para sair da estagnação e marchar pelos caminhos do desenvolvimento, o governo Estensoro partiu para a busca de financiamentos externos. E eles só foram conseguidos sob exigências políticas que mais exacerbavam as dificuldades das condições de vida dos assalariados, mormente dos mineiros. Seus protestos não se fizeram esperar. Afinal, foram eles que puseram no poder aquele governo. Como aceitar, então, a política econômica antipopular e antitrabalhadora que seguia as receitas dos banqueiros internacionais para cortar mais ainda nos salários já de si insuficientes? Abriu-se, assim, o litígio entre os mineiros e o governo Estensoro, chegando ao ponto de os mineiros não permitirem mais que a produção de estanho saísse da região das minas, declarada área libertada. Foi quando o governo se enveredou pelo túnel escuro da reconstrução do exército, dizendo que precisava fazer valer sua autoridade. Imediatamente, os Estados Unidos puseram à disposição de Estensoro os recursos e armamentos para a recomposição das unidades do exército esfaceladas nas refregas da Revolução. Para isso não faltaria dinheiro.

Terminado o período de Estensoro, Siles Zuazo é eleito presidente, acenando com uma política econômica menos antipopular. No início foi bem, restabeleceu o diálogo com os mineiros e parecia disposto a seguir pelos caminhos de se apoiar no povo para vencer as dificuldades que sufocavam o país. Mas as pressões externas não se fizeram esperar. Os créditos foram cortados. As manobras contra os preços do estanho — a Bolívia dependia do estanho como do ar que respirava — começaram, e Siles Zuazo também capitulou. Ele chegou, como presidente da República, a fazer uma greve de fome para que os mineiros se apaziguassem. Um ministro, que fora às minas para convencer os mineiros do acerto das medidas econômicas do governo, foi obrigado a beber urina no interior da Mina Siglo XX.

Chegou ao fim o período de Zuazo, e Estensoro retornou ao poder, eleito pela poderosa máquina do MNR — Movimento Nacionalista Revolucionário. Já estávamos em 1960. O exército tinha seus efetivos elevados para mais de dez mil homens. Os recursos eram tão descaradamente americanos que a folha de pagamento das suas unidades já era abertamente coberta pela Embaixada dos Estados Unidos. Antes de 1952, eram os Patiño que complementavam o soldo da maior parte dos militares. Agora era o governo norte-americano. Seguindo as receitas do Pentágono e de seus ideólogos, foi lançada uma campanha de colaboração dos militares com os civis para a construção de escolas, centros comunitários, ambulatórios e até igrejas nas concentrações camponesas e nas minas. Nestas foi impossível, porque os mineiros repeliram e não aceitaram sequer que unidades militares fossem aquarteladas na região mineira.

Mas entre os camponeses, o programa cresceu viçoso. Havia militares, como Barrientos, por exemplo — ele ganhou até o nome de general Campesino —, que falavam fluentemente o quíchua e o aimará, línguas indígenas que predominavam entre os camponeses de Cochabamba e El Alto, comunicando-se facilmente com os cholos.

Chegou a tal ponto o desplante da influência norte-americana no MNR e no governo Estensoro que um de seus altos dirigentes acusou, de público, as reuniões do comitê central do partido como assembleias de executivos de grandes firmas americanas na Bolívia, pois que grande parte dos seus dirigentes nacionais era também de concessionários da Ford, ou da General Motors, ou da Goodyear, ou da Duppont, ou da Chrysler, ou de outras que tais. Quer dizer, os trustes internacionais e o governo norte-americano montaram a corrupção na garupa da Revolução. E o desfecho só poderia ser como foi: o golpe de Barrientos, em novembro de 1964, bem de acordo com o modelo do que fora desfechado meses antes no Brasil.

XXII

Enterro de terceira para uma revolução de joelhos

Partindo da compreensão de que a matriz de todos os males da América Latina está na dependência colonial ao imperialismo norte-americano, Barros Otávio estava de acordo com a maioria dos exilados brasileiros que apontavam a ação dominadora norte-americana sobre nossos países como unificadora também de luta de libertação latino-americana. Assim, na Bolívia, deveriam os exilados tudo fazer para impedir que mais um país caísse sob um golpe militar de clara inspiração ianque. Foi pensando assim que Barros Otávio propôs — e viu aceita pela maioria esmagadora dos companheiros — que os exilados brasileiros participassem como tais do desfile cívico com que é tradicionalmente comemorado o Dia da Independência da Bolívia, o 6 de agosto. Portando uma faixa "Exilados brasileños saludam lós hermanos bolivianos" e uma grande bandeira brasileira, mais de uma centena de exilados ganharam um lugar no desfile cívico, sendo saudados calorosamente pelos milhares de populares durante todo o percurso, e que bradavam: "Abajo lós gorilas, viva Jango Goulart," numa confraternização que deixou incômodo o embaixador brasileiro no palanque das autoridades. Foi um retumbante sucesso que ganhou espaço destacado na imprensa boliviana e internacional, repercutindo no Brasil, onde vários jornais estamparam fotos do acontecimento.

Assim como no Brasil, também na Bolívia a grande imprensa perfilava as posições golpistas, dando curso escancarado às notícias e aos comentários desmoralizantes para o governo. Urgia lançar um jornal para não deixar o governo sem defesa. Também para mover uma campanha de conscientização popular contra o golpe, que já estava sendo abertamente tramado "para salvar la patria", como proclamavam sem rebuços os golpistas pela grande imprensa. Um grupo de bolivianos foi constituído e o projeto do jornal entrou em execução. Como jornalista e velho conhecido dos bolivianos — foi ele que fez para a revista *O Cruzeiro* a reportagem sobre a Revolução de 1952 —, o deputado cassado Neiva Moreira foi convidado para ser assessor. Constituiu um grupo de brasileiros, dentre eles José Maria Rabelo, Barros Otávio e outros, para ajudá-lo nas diversas frentes do jornal. Em pouco estava nas ruas *El Clarin*. Com menos de dois meses, o jornal moderno e ágil ganhava de tal maneira as simpatias populares que se ombreava com os jornais bolivianos tradicionais na circulação. Era uma desesperada corrida contra o tempo. Já estávamos em outubro. O golpe roncava dentro dos quartéis. Grupos paramilitares eram abertamente constituídos para "dar combate a la subversión", entendida esta como o movimento sindical e popular que era acoimado de "lós rojos". As milícias de mineiros, por sua vez, começaram a ser reconstruídas e os sindicatos mineiros importaram armas. Mas o governo vacilava. Não sabia se apoiava aberta e decididamente o movimento popular que queria defendê-lo ou se punha em prática as exigências dos comandos militares que reclamavam repressão para "mantener la orden". Os estudantes — "lós señoritos estudiantes", como falava pejorativamente o povo — convocavam manifestações contra o governo e entravam em choques violentos com as milícias do MNR, que também começaram a ganhar as ruas para defender o governo já abertamente ameaçado.

Os camponeses estavam numa posição dúbia, porque a essa altura já era patente a influência militar entre eles, graças ao tal programa cívico-militar que a embaixada americana tinha posto em execução fazia anos. Como vice-presidente da República, o general René Barrientos Ortuño punha em prática toda uma tática manhosa: de um lado se dizia fiel ao MNR, de que era um dos dirigentes — como piloto, foi ele quem buscou Paz Estensoro em Bueno Aires, em 1952 — mas criticava a política do governo, deixando entrever simpatias pela pregação golpista. Também visitava os quartéis e as concentrações camponesas, conhecido que era como "El general campesino", falando aos cholos na língua nativa.

O comandante do exército, general Ovando Cândia, também estava dando uma no cravo e outra na ferradura: deixava livre a ação dos golpistas nos quartéis e nas ruas, mas continuava integrando o governo e se dizia fiel ao MNR. Aliás, o MNR era um verdadeiro pau de amarrar égua: servia para tudo, para acobertar tudo. Ao mesmo tempo em que a sua esquerda estava nas ruas e nas concentrações mineiras, formando milícias e pregando a resistência ao golpe, a sua direita estava nos quartéis conspirando com os militares.

Foi nessa situação que chegamos a novembro de 1964. Na manhã do dia 4, as emissoras de rádio começaram a trombetear o manifesto golpista firmado por Barrientos. Logo a seguir, aderiram os comandos militares e também os Carabineiros, com exceção de algumas unidades. As milícias populares do MNR e dos sindicatos ganharam as ruas, e o tiroteio começou generalizado em vários pontos de La Paz. Em alguns lugares, o exército teve que recuar, mas no geral as milícias iam perdendo terreno. Foram desalojadas do Estádio Municipal e, no desespero da resistência ao avanço dos tanques e ao sobrevoo dos aviões, ganharam o cimo da colina Laikacota, bem no centro da cidade. Aí foi o massacre. Assediados de todos os lados pelo fogo de metralhadoras pesadas, bombardeados em voos rasantes pelos aviões, de lá não desceu ninguém vivo. Os sobreviventes foram mortos a baioneta no assalto final do exército e das milícias direitistas. Enquanto isso, Paz Estensoro era levado ao aeroporto e embarcado para a Argentina.

Assim foi dado o golpe na Bolívia, no país da heroica Revolução de 1952. Aquele punhado de bravos que lutaram e morreram como heróis enlouquecidos da causa popular, entregando a vida no cimo da colina Laikacota, bem que poderia ser comparado a um enterro de terceira para uma revolução de joelho. Foi esse, aliás, o título do artigo de Barros Otávio no jornal clandestino *Abril*, que passou a circular dias depois do golpe: "El sepédio de tercera para una revolución de rodillas", citado no livro do escritor boliviano Sérgio Almaraz.

XXIII

Com um pé civil e o outro na bota militar

De repente assim, mais um país latino-americano vestia o uniforme do militarismo de clara inspiração norte-americana. E a Bolívia o fez caricaturalmente. Era de ver o renascimento do militarismo boliviano naqueles dias que sucederam ao golpe. Por qualquer motivo se convocava um desfile militar. As tropas, que antes do golpe viviam nos seus quartéis, agora eram encontradiças nas ruas. Interditavam o trânsito aqui e ali, e tome desfile militar. As fardas, os cintos e as botas, tudo recém-chegado dos Estados Unidos, confeccionados para o figurino avantajado dos *boys* ianques, caíam grotescamente nos cholos camponeses, baixinhos e atarracados, que eram conscritos às pressas, para engrossar os efetivos do exército. Esforçando-se por obedecer ao rufar dos tambores, mangas dobradas e mesmo arregaçadas para deixar as mãos livres, que o tamanho era muito, sobrando pano dos dolmans na largura e no comprimento, botas quarenta e quatro para pé trinta e oito a quarenta, lá se iam eles marchando pelas ruas da cidade, como que gritando sua presença e fazendo assombração para a La Paz heroica de tantas e gloriosas lutas civis. Era o único exército do mundo que marchava 1-2, 3-4, em vez do clássico 1-2, porque eram tão grandes as botas americanas que os pobres cholos pisavam duas vezes cada pé.

Mas, de cambulhada com toda essa ridicularia do modelo militarista americano vestido na Bolívia pela mão diligente e servil de seus generais, instalava-se no país uma repressão que tanto tinha de meticulosa quanto de impiedosa e hedionda. Enquanto turmas de tiras do chamado Control Político enchiam as ruas nos seus jipes, a fazer prisões indiscriminadas e invadir residências a qualquer hora do dia e da noite, as unidades do exército punham sob cerco a região mineira e se preparavam para o ataque e ocupação. É muito comum em La Paz, daquela época, ouvir-se durante a noite o matraquear de metralhadoras em vários pontos da cidade. Eram os grupos de militantes políticos resistindo à repressão que queria desbaratá-los e submetê-los. Porque a vitória da Revolução de 1952 foi a vitória de uma guerra da sociedade civil contra as forças armadas da chamada "rosca". Assim sendo, os civis que se armaram para a luta, mantiveram-se armados depois da vitória. Era rara a família boliviana que não tivesse suas armas em casa, especialmente se fossem operários, mineiros e camponeses. Sabendo disso, os golpistas deram, como uma das primeiras e importantes tarefas, a desarmar o povo e ocupar as minas. Enquanto suas tropas iam circulando a região mineira, instalando-se aqui e ali nas suas proximidades, seus tiras vasculhavam as casas nas cidades, principalmente na indomável La Paz, apreendendo armas e realizando prisões em massa. Lançaram até uma "campanha patriótica de devolução de armas" ao exército. Quem entregasse espontaneamente suas armas às autoridades, era publicamente citado como patriota e tinha seu nome inscrito numa lista de honra. Fracassou rotundamente a ingênua iniciativa. Depois de meses e meses de campanha trombeteada pelos jornais, rádios e panfletos fartamente distribuídos, a colheita foi magra e desanimadora, indicando claramente que a sociedade civil não queria um processo de triagem detalhada: enquanto o simples homem do povo era no geral surrado e posto em liberdade sob ameaça de novas violências e até morte, os militantes políticos e suas lideranças ou eram simplesmente deportados para outros países ou enviados ao confinamento em regiões inóspitas, ou ainda trancafiados nas prisões e nos quartéis, sem prazo para serem libertados.

E assim foi a repressão, desmontando meticulosamente o movimento político e popular. A poderosa e combativa COB — Central Obrera Boliviana foi posta sob intervenção e ocupada militarmente. Suas lideranças, a começar do legendário Juan Lechin Oquendo, o mineiro presidente quase vitalício e líder querido das jornadas de 1952, tiveram que passar à clandestinidade.

Para se ter uma ideia de como se passou o golpe militar na Bolívia, há que constar que esse mesmo Juan Lechin era seu partidário fervoroso. Aos exilados brasileiros que o procuravam para alertar sobre as similitudes do golpe militar boliviano — que se preparava nos desvãos da embaixada americana de La Paz — com o golpe brasileiro vitorioso, ele respondia invariavelmente que as coisas na Bolívia eram diferentes. Que na Bolívia não havia gorilas. Que o general Barrientos era "el general campesino". No dia do golpe, Juan Lechin, à frente de um grupo de operários e líderes sindicais, armas nas mãos, marchou para tomar o Palácio Quemado, sede do governo. Ao se aproximar, foi recebido à bala pelas tropas do exército que lá já haviam se instalado. Espaventados pelo tiroteio e em meio ao corre-corre de se porem a salvo, Lechin perdeu um dos sapatos. Foi quando um oficial do exército percebeu que aquele grupo era de amigos. Fez cessar o tiroteio e convidou Lechin e seus companheiros a chegarem até o Palácio. Sem um pé de sapato, Lechin foi socorrido por outro oficial, que lhe emprestou um pé da bota militar. E assim, calçado com um sapato civil e uma bota militar, Juan Lechin Oquendo caminhou pela plaza Murilo e entrou no Palácio Quemado. Era, naquela hora, a figura mesmo do golpe: um pé civil e outro militar. Há até uma foto histórica do triste acontecimento.

XXIV

Assalto às minas: Barrientos quase capturado

Permaneciam as minas de estanho e sua região nas mãos dos sindicatos mineiros e suas milícias armadas. Era como se a Bolívia tivesse dois territórios, o dominado pelo governo de La Paz e o dos mineiros. Das grimpas do Altiplano, lá pela altura de Oruro, começava o território mineiro que tinha seu centro no núcleo formado por Huanuni, Catavi e Siglo XX, já nas cumeeiras do braço ocidental da cordilheira andina. Entre Catavi e Siglo XX, por exemplo, a estrada galga o Paso de lós Condores, a mais de cinco mil metros, lado a lado com os picos das neves eternas. Nesse lugar, às margens da estrada, ficam pousados, tal qual sentinelas dos mistérios andinos, os enormes e impassíveis condores.

Há meses que os militares se haviam instalado no poder, e os mineiros não davam mostras de ceder. Ao contrário, seu território servia de abrigo seguro aos perseguidos do golpe militar. Suas rádios — cada núcleo mineiro dispunha de uma emissora de rádio — cobrindo praticamente todo o país, fustigavam diariamente o poder militar, seu caráter de instrumento da dominação norte-americana sobre a Bolívia, concitando o povo a resistir, a reorganizar suas milícias e a se preparar para a nova arrancada dos mineiros sobre La Paz. Enquanto isso, e contando com a ajuda farta em armas, equipamentos e dinheiro norte-americano, o governo ia montando sua máquina militar. Num país de desemprego crônico e generalizado, não era difícil encontrar material humano para seus batalhões e regimentos. Submetendo os recrutas broncos a intenso treinamento e doutrinação — os instrutores norte-americanos estavam em cada unidade, Barrientos e Ovando Cándia preparavam o assalto e a ocupação das minas. Aos poucos, e segundo meticuloso plano, foram instalando suas unidades na proximidade dos núcleos mineiros. As emissoras, de um lado e de outro, travavam verdadeira guerra nos noticiários e comentários. Era a preparação psicológica para o confronto que se aproximava fatalmente. Sintonizando essas rádios, era possível acompanhar de La Paz a preparação para o grande choque, que se ia tornando inevitável e tragicamente próximo.

Até que soou a hora final. Era manhãzinha. Aquele sol pálido e de pouco calor "sol besta", diziam os exilados brasileiros — começava a levantar-se lá por detrás dos picos gelados que dominam La Paz, desde o imponente Llimani, de quase seis mil metros de altura. As rádios começavam a jorrar um verdadeiro caudal de músicas marciais entremeadas de motes patrióticos e de luta, dizendo sempre que as forças armadas estavam se preparando para restabelecer a soberania boliviana sobre todo o seu território, varrendo os vermelhos de vez. Já as emissoras dos mineiros clamavam pela resistência e se comunicavam umas com as outras informando todo o país da marcha dos acontecimentos.

De repente começaram os estrondos surdos de bombas poderosas. Podia-se ouvir o ruído dos motores dos aviões. As concentrações mineiras estavam sendo bombardeadas pela aviação de Barrientos. Os locutores contavam que os aviões bombardeavam indiscriminadamente, atingindo as casas dos mineiros, as escolas e os hospitais. Pelo microfone aberto, podia-se acompanhar o fragor das explosões e dos voos rasantes de metralhadas. Uma guerra, um combate enfurecido e sangrento entre irmãos. Trágico episódio de uma luta fratricida de clara inspiração norte-americana. E os mineiros não cediam. Os locutores informavam que suas milícias já haviam marchado para a ocupação das estradas de acesso a cada concentração mineira. Aproximava-se o choque entre os combatentes. O bombardeio aéreo prosseguia cada vez mais intenso. Tinha-se a impressão que visava abater o moral dos mineiros, desesperá-los ao ver suas famílias sob as bombas e metralhadas dos aviões. Enfim, atarantá-los. Realmente, muitos combatentes abandonaram seus postos nas trincheiras junto às estradas, para vir dar combate aos aviões e defender os seus.

As emissoras do governo, falando desde os pontos móveis no acompanhamento das tropas, contavam como ia se desenrolando a invasão da região mineira. Houve um momento em que se pôde ouvir claramente o matraquear de metralhadoras de um primeiro choque entre os combatentes.

"Continuamos avançando, os mineiros recuam. Estamos junto ao general Barrientos, num dos carros blindados da nossa coluna que avança", gritava o locutor que se estendia naquela algaravia de luta contra os vermelhos sem-pátria, os traidores da Bolívia, e coisas desse estilo, que em todos os lugares a pobreza de espírito dessa gente é a mesma. Foi nesse momento que, pelo microfone aberto da emissora móvel, se pôde ouvir claramente o fogo nutrido de metralhadoras pesadas e leves.

— Estamos sob fogo cerrado de um entrincheiramento dos vermelhos. Atenção, nossa coluna foi detida. Os carros lá da frente não podem mais avançar. E não há como manobrar na estrada estreita. A ordem é recuar, engatando marcha à ré nas viaturas, até sair do alcance deles. Atenção, eles estão avançando a pé sobre nós. Estamos respondendo ao fogo, dizimando as fileiras deles. Mas são muitos...

E assim, a coluna de Barrientos, comandada pessoalmente por ele, teve que recuar quase cinco quilômetros de marcha à ré, perseguida pelos mineiros a pé. Se eles tivessem preparado a emboscada, deixando passar a coluna e a fechando entre dois fogos, talvez a história recente da Bolívia fosse outra. Com Barrientos capturado, prisioneiro dos mineiros em armas, abrir-se-ia inelutavelmente um período de negociações onde tudo poderia acontecer.

XXV

Clandestinidade

"Atenção, irmãos bolivianos: estamos sendo massacrados. Ouçam o ronco dos aviões, a explosão das bombas e o fogo das metralhadas aéreas. Pela estrada estão chegando os carros blindados de Barrientos. Mas os nossos resistem e lutam palmo a palmo. Não vamos capitular. Se formos vencidos, vamos cair lutando, sem gemer", dizia o locutor de Siglo XX, a principal mina de estanho da Bolívia.

Pelo microfone aberto, podiam-se ouvir o estrondo das bombas, o pipocar das metralhadoras leves e pesadas, o fragor completo da batalha. Na sala de Barros Otávio, o grupo de exilados brasileiros — os poucos que ainda estavam na Bolívia depois do golpe, porque a maioria se espalhou pelo mundo afora, indo principalmente para o Chile — apinhava-se em torno dos dois rádios, ouvindo o desenrolar da luta encarniçada de um lado e do outro. Era emocionante, e trágico, principalmente, ver aquele punhado de bravos mineiros resistindo, a pé e com suas poucas armas, ao avanço dos blindados de Barrientos e de suas tropas, bem equipadas e treinadas pelos norte-americanos. A manhã se escoava e a luta prosseguia acirrada. Vez por outra era um mineiro ofegante que chegava ao microfone para contar que haviam obrigado uma coluna de Barrientos a bater em retirada. Os gritos de alegria estrugiam no meio do escarcéu da batalha, levando um fiapo de esperança ao grupo de exilados que não arredava pé de perto dos rádios.

"Atenção! Os aviões estão agora visando diretamente a nossa rádio. Parece que localizaram a casa de onde irradiamos. Lá vêm eles. Já estão metralhando. Vão soltar as bombas". E o estrondo ensurdecedor tomou conta de tudo. Não se ouviu mais nada. Girando o dial para outras emissoras mineiras, também nada mais se ouvia. Só as emissoras do governo seguiam irradiando. As concentrações mineiras estavam caindo uma a uma nas mãos das tropas barrientistas, naquela luta desigual e sangrenta.

E foi brutal a ocupação das minas. As tropas agiam como se tivessem capturado um território inimigo. Eram tropas de ocupação, com toda a crueldade de que são capazes: prenderam, espancaram, violentaram, torturaram e mataram. No início, agiram como ensandecidos. Há quem afirme que eram soldados drogados para cometer tamanhas bestialidades. Depois, foram se instalando, com a chegada de tropas novas, construindo quartéis e se estabelecendo em cada uma das concentrações mineiras, para manter dominados — jugulados mesmo — aqueles bravos que até hoje seguem lutando de uma forma ou de outra.

Estavam dominados a Bolívia e seu povo, ocupada por mais um dos golpes militares armados pelos norte-americanos na América Latina. Ficava claro que o militarismo tradicional, imperante historicamente nos países latino-americanos, era uma tradição que os ideólogos do Pentágono exploravam e faziam renascer para trabalhar para eles, a serviço do neocolonialismo que estendiam sobre o continente.

Desde o dia do golpe, a situação dos exilados brasileiros na Bolívia foi ficando insustentável. Todos foram imediatamente convocados ao chamado Migobierno — Ministério do Governo, espécie de Ministério da Justiça, de cambulhada com SNI e Conselho de Segurança — a fim de registrar suas residências, fixar os dias do comparecimento mensal perante a polícia, dizer se pretendiam continuar vivendo no país, e outras coisas tais. Enfim, um controle estreito e rigoroso sobre todos os exilados. Por isso eles preferiram sair da Bolívia, indo quase todos para o Chile, onde Eduardo Frei governava e não impedia o ingresso de brasileiros como exilados. Principalmente porque, entre eles, estavam figuras como o professor Paulo Freire, de renome internacional, convidado pessoalmente pelo presidente chileno para viver e trabalhar naquele país.

Outros, muito poucos, preferiram ficar na Bolívia. Uns procurando uma maneira de conviver com o governo Barrientos. Outros — três ou quatro, Barros Otávio entre eles — preferiram passar à clandestinidade, unindo-se aos militantes bolivianos que resitiam ao golpe. Mas todos os que ficaram pretendiam mesmo era estar perto do Brasil, rondando a fronteira como boi ronda a cerca da horta, à espera da primeira oportunidade de voltar à terra natal.

Os que passaram à clandestinidade e à luta, logo se engajaram com militantes bolivianos como Félix Rospigliossi Nieto, que depois integrou o governo Siles Zuazo a partir de 1982; Simon Reys, o líder mineiro, secretário-geral da Central Obrera Boliviana e depois assassinado junto com Marcelo Quiroga de Santa Cruz, num assalto paramilitar à sede da central sindical; Mário Arrieta, intelectual de esquerda, muito ligado a Che Guevara — que então já preparava seu ingresso no país —, que depois foi até artista de cinema com bastante êxito. O primeiro empreendimento em que se meteram foi editar um jornal clandestino, chamado *Abril*, que circulou por várias edições como veículo da esquerda do MNR, alcançando boa repercussão. Mais de uma vez tiveram que fugir do local da impressão do jornal porque a polícia se aproximava. Às vezes por simples acaso, outras para invadir e desmantelar a gráfica. Era uma trabalheira fazer o *Abril*. Impresso em *offset*, o espelho era composto à máquina de escrever comum — cálculo de redução ou ampliação feito —, armado e levado para ser fotografado e transformado em fotolito noutro lugar. Pronta a película, as chapas eram gravadas ainda em local diferenciado, para finalmente ser impresso numa gráfica distante. A velha técnica conspirativa de que nunca se deve pôr todos os ovos numa cesta só.

Cada número posto a circular era uma alegria. Nada melhor do que chegar a um café, por exemplo, e ver pessoas lendo furtivamente o *Abril*. Emocionante a coragem dos seus distribuidores, gente do povo, que tudo enfrentavam para fazer o jornal chegar aos bairros e vilas e até nas concentrações mineiras e camponesas. Era o povo boliviano se negando à submissão. E todos vimos como heroicamente eles lutaram até derrubarem a ditadura, serem vítimas de outro golpe, derrotá-lo de novo, e assim num suceder de lutas permanentes que dura até hoje. Povo que inspira admiração e ternura. Heroico, lutador, disposto ao sacrifício como poucos. Parece que as duras condições em que vivem, tanto pelas dificuldades econômicas como até pela crueza do clima hostil, realizam uma verdadeira triagem, uma seleção, só sobrevivendo os mais fortes.

À guisa de ilustração

Paulo Freire, o educador que a "Redentora" revelou de corpo inteiro ao torná-lo um proscrito político e expulsá-lo de sua terra, quis conhecer um dos típicos mercados de La Paz. Espírito de pesquisa, curiosidade intelectual. Manhãzinha ainda, lá se foram ele e Barros Otávio para o Mercado Camacho, um dos mais tradicionais. As cholas estavam chegando para ocupar suas bancas e expor suas verduras e frutas. Porque são elas que executam esse trabalho de feirante na Bolívia. É raro ver um cholo como vendedor de mercados e feiras. Ele fica na terra trabalhando e sua companheira vem para a cidade vender o que produziram. Com suas múltiplas saias coloridas e rodadas — às vezes elas usam até uma dezena de saias superpostas —, vão chegando, acocoram-se, desatam o *aguayo* — aquela manta grande que trazem enrolada no ombro e presa por um nó no peito —, e livres, começam a distribuir a mercadoria que conduzem, na mais das vezes, no próprio *aguayo*. Quando uma das cholas soltou no chão, numa queda surda, o *aguayo* particularmente volumoso, deu para ouvir um som abafado de criança chorando. Os exilados brasileiros se aproximaram e viram o menino, que a chola conduzia dentro do *aguayo*, chorar reclamando da pancada um tanto forte no chão duro. Ela o toma nos braços, num rápido acalento, faz um muxoxo nele, transforma agilmente o *aguayo* numa espécie de ninho, deposita lá a criança que ainda choramingava e se voltou para o trabalho de organizar sua banca de verduras. Paulo Freire, que a tudo observava, exclamou:

— É a seleção do mais forte, companheiro.

XXVI

A "Redentora" veste a farda

— Companheiros, o rádio está noticiando agora que o governador goiano Mauro Borges ameaça resistir — irrompia no quarto do hotel o sargento exilado, contando exultante aos companheiros agrupados num dos bate-papos característicos do exílio. A notícia alcançou rapidamente os outros quartos, e num minuto eram dezenas os brasileiros apinhados em torno do rádio ouvindo o noticiário. A ansiedade estampava o rosto de todos. Havia até os que já se diziam prontos para retornar e engrossar as fileiras da resistência goiana.

Mas durou poucos dias a esperança. Mauro Borges cedeu às ameaças das tropas postas sob o comando do coronel Meira Matos, o mesmo que o governador goiano saudara com cordialidade e a quem oferecera todos os préstimos quando da marcha sobre Brasília, que o coronel empreendera de Campo Grande, Mato Grosso, cruzando Goiás nos dias do golpe.

— Castigo anda a cavalo — comentou o goiano exilado, ao que o mineiro acrescentou:

— E agora vem fardado.

— Verdade, companheiro. A tal Revolução mal está completando um ano e já está praticamente fardada.

A conversa espichada das horas grandes do exílio — onde as horas correm lerdas, sem pressa nenhuma — prosseguiu com outros dando suas opiniões. O mineiro voltou:

— A farda começou a se impor como o uniforme da Revolução, que de revolução só tem o nome, quando o general Costa e Silva recebeu as tropas mineiras que chegavam ao Rio, sob o comando do general Mourão Filho, já assentado na cadeira de ministro do Exército. O Mourão chegou e o lugar já estava ocupado pelo Português, que este era o apelido do Costa e Silva. Essa ocupação da cadeira de ministro do Exército significava a posse dela pelo grupo mais militarista do movimento. O mesmo que impôs a candidatura de Castelo Branco, ou seja, um general para presidente. O mesmo que encomendou ao Chico Campos dar vida ao primeiro Ato Institucional. O mesmo que agora vem se consolidando no poder, vai engolir uma a uma as chamadas lideranças civis da Revolução de mentira.

— Inteiramente de acordo — comentou o carioca exilado, aduzindo: — Existem episódios que a gente não deve esquecer. São elucidativos. Foi nos primeiros dias da Revolução vitoriosa. Os governadores que participaram mais ativamente do movimento, encabeçados por Magalhães Pinto, Carlos Lacerda e Ademar de Barros, juntamente com outras lideranças civis, fizeram uma visita ao novo ministro do Exército, o carrancudo Costa e Silva. Tinham algumas postulações a fazer, como também queriam ouvir do próprio ministro as suas intenções. Logo à primeira interrogação de Lacerda ao todo-poderoso general-ministro, o clima da reunião azedou. Os governadores, os deputados e os senadores foram tratados com tal aspereza que Lacerda decidiu abandonar a reunião.

— Era a Revolução envergando definitivamente a camisa gandola e o bibico do autoritarismo militar e se lançado à aventura de instalar em nosso país um tipo de poder de estado como jamais conhecemos em nossa história — atalhou o mineiro.

— Será que vão conseguir? Será que Magalhães Pinto, Lacerda, Ademar e o próprio Juscelino aceitarão o papel de figurantes de segundo plano na política brasileira? E as eleições presidenciais de 1965, algum general se lançará candidato? — era o exilado paulista que ponderava.

— Sei não, companheiros — comentou o mineiro, acrescentando: — Até agora eles só estão colhendo êxitos na consolidação do poder militarista que vão instalando peça por peça. Já enxotaram os governadores daquela reunião que o carioca narrou. Impuseram o Ato Institucional Número Um e estão cassando todas as lideranças civis que lhes possam fazer sombra. JK já foi. Mauro Borges também. Ademar de Barros, principalmente porque andou ensaiando ajuda à resistência goiana, está na bica. O Magalhães Pinto está se compondo, como é do seu feitio. O Lacerda, com a tarefa de explicar ao mundo a Revolução que não tem explicação, está fazendo papel ridículo e não demora a ser outro paisano expurgado.

— Chega, mineiro. Você está pessimista demais — cortou o maranhense exilado, e revelou: — Estive preso em vários quartéis e mais tempo na Fortaleza de Santa Cruz. Com o tempo, fomos quebrando o clima de frieza da oficialidade carcereira e estabelecendo o diálogo. Tímido, a princípio. Aos poucos, já vinha mais de um oficial para conversar e, por fim, eram grupos de quatro ou cinco que chegavam para prosear conosco. Pode ser que eu me engane, mas deu para perceber que existem pelo menos dois grupos entre eles: um despreza profundamente os civis, acha que os militares tomaram o poder para ficar e consertar o Brasil — lá à moda deles —, só enxergando benefícios na intromissão norte-americana, "que é para afastar de vez a ameaça vermelha do nosso continente" e outras coisas desse estilo; o outro, que fala muito em democracia, em reorganização nacional, que os militares estão apenas cumprindo uma missão porque "é necessário afastar os subversivos e corruptos", mas que depois tudo voltará ao normal. Tenho para mim que o primeiro grupo é o dos chamados *troupier*, oficiais de tropa, homens de quartel, gente do Costa e Silva, por exemplo. O outro é formado por oficiais mais intelectualizados, com a cabeça feita na Escola Superior de Guerra — a tal "Sorbone", entre aspas —, imbuídos da geopolítica que o Pentágono está disseminando pelos exércitos latino-americanos e que é a medula mestra do neocolonialismo norte-americano, a grande jogada dos banqueiros e das multinacionais em cima de todos nós. Assim, meu caro mineiro, sinceramente que não vejo tudo escuro.

— Uai, nem eu — respondeu rápido o mineiro Barros Otávio, e completou: — Estou vendo, é claro. Você mesmo contribuiu para clarear mais ainda. Embora eu também alimente muitas esperanças no aparecimento de contradições dentro da Revolução deles, até mesmo entre os militares, até agora a marcha batida de consolidação do poder militarista é a realidade mais palpável. Lá se vão eles incontrastáveis. Até quando? Por qual prazo?

Era esse o clima do exílio na Bolívia nos fins de 1964 e princípios de 1965. E era assim que de lá eram vistos e comentados os acontecimentos no Brasil.

XXVII

A primeira derrota popular da "Redentora"

Estávamos em meados de 1965 e já não eram muitos os exilados brasileiros na Bolívia. A maioria partira para o Chile, alguns preferiram o Uruguai. Havia os que alçavam voo mais longo para o México e até para a Europa. Houve também os que tentaram o regresso ao Brasil, animados pela convocação de eleições nos estados de Minas Gerais e na antiga Guanabara. A movimentação da campanha eleitoral afrouxara um tanto os controles policiais da "Redentora", e muitos lograram retornar à vida normal. Alguns tiveram que fugir novamente para o exterior, e houve casos de companheiros que foram presos e de quem não se tem mais notícia. Simplesmente desapareceram.

O quarto de hotel do advogado Margarino Torres era a meca das notícias. Instalações modestas, mas sempre com a chaleira fervendo para o chá quente e reconfortante a quem quisesse, o rádio sintonizado nas estações brasileiras e o papear comprido dos grupos que iam se formando.

— Será que haverá mesmo eleições? Será que a "Redentora" vai se arriscar ao teste das urnas? — indagava um tanto pessimista o paulista exilado.

— Eles já acabaram com as eleições gerais deste ano. Castelo aceitou a prorrogação de seu próprio mandato. Quer dizer, o fundamental eles asseguraram no poder. Assim sendo, não lhes custa muito fazer um teste de popularidade em dois estados: em Minas, berço da "Redentora", e no Rio, terra do Carlos Lacerda, o maior arauto do movimento, o homem que empreendeu em seu governo obras de vulto graças às generosas verbas norte-americanas — analisou o exilado fluminense.

— Está certo, seu papa-goiabas — brincou o maranhense, acrescentando: — Eles vão querer até influir na escolha dos candidatos da oposição. Não vão brincar em serviço. Vamos assistir a muitos vetos militares, começados até mesmo pela Justiça Eleitoral, a certas candidaturas. É aquela história do português para o pretendente de sua filha: "Vosmicê pode casar-se com qualquer uma das minhas filhas, contanto que seja com Maria, a mais velha".

Em meio às risadas, o mineiro Barros Otávio meteu a sua colher de pau:

— Em Minas, por exemplo, eu duvido que eles permitam a candidatura do Sebastião Paes de Almeida, o Tião Medonho, que não perde eleições e é amigo dileto de Juscelino. O candidato deles, o tal Resende, é udenista histórico, do grupo do governador Magalhães Pinto, um elitista empedernido. Imaginem que o homem acaba de realizar uma passeata pelas ruas centrais de Belo Horizonte, montado num trator agrícola e soltando bandos de galinhas para o povo. A ridicularia foi grande e se transformou num bom prato para a campanha das oposições. Assim, mesmo que consigam vetar Paes de Almeida, duvido que eles derrotem o candidato das oposições, que será sempre um homem do PSD e apoiado por Juscelino, com toda a sua auréola de perseguido e injustiçado.

— No Rio, que antes de ser terra do governador Lacerda é reduto forte do PTB, haja vista a espetacular votação de deputado conseguida por Brizola, eles também vão perder — entrou falando o carioca, completando: — Duvido que consigam repetir a proeza do Caminhão do Povo, que elegeu Lacerda, Afonso Arinos, Adauto Lúcio Cardoso e outros, naquela vitória que também teve alguma coisa não explicada até hoje de manipulação das apurações. As oposições estão se unindo e acho que a "Redentora" não vai ter vez.

E nesse tom, com outros participando da conversa comprida das horas sem tamanho do exílio boliviano, as análises dos acontecimentos brasileiros iam se dando, sempre fazendo nascer um fiapo de esperança. O rádio não parava de jorrar notícias. As eleições se aproximavam. No Rio, as marchas e contramarchas dos entendimentos pareciam desembocar, como terminou por se dar, na candidatura Negrão de Lima, que sempre fora um getulista dentro do PSD e tinha ainda a vantagem de ser amigo de Juscelino. E a união getulista-juscelinista seria imbatível. Percebendo isso, tudo fizeram para vetar Negrão de Lima, e só não o conseguiram porque tinha ele bom trânsito com chefes da "Redentora", a começar de Castelo Branco. Em Minas, faltando poucos dias para as eleições, conseguiram impugnar na Justiça Eleitoral a candidatura de Sebastião Paes de Almeida. Em rápida manobra, as oposições lançaram à candidatura Israel Pinheiro, homem da equipe de JK, inegavelmente o grande eleitor do pleito que se avizinhava.

Realizadas as eleições, o resultado foi a primeira derrota popular da "Redentora". As oposições venceram e isso comoveu o país, arrancou lágrimas de alegria dos exilados, reconfortados com o apoio popular que as Marchas da Família com Deus e pela Liberdade parecia negar-lhes, e enfureceu os chamados duros das forças armadas. Iradas cobranças eram feitas abertamente a Castelo Branco, duplamente derrotado, por ser ele a personificação do movimento como estrategista ao levar a "Redentora" ao teste das urnas.

XXVIII

Passando de espectadores a atores

"Ao perdedor, as batatas e os tomates", satiriza o dito popular. E foi o que aconteceu com Castelo Branco. Acuado pelos duros — Costa e Silva, seu ministro do Exército, à frente —, teve que barganhar a sua continuação na presidência da República pelo Ato Número Dois; a dissolução dos partidos políticos e a criação de dois outros decretos; a instituição de eleições indiretas para os governos estaduais; e engolir — com casca e tudo, e até choramingar abraçado ao general Cordeiro de Farias — a candidatura de Costa e Silva à sua sucessão, que lhe foi empurrada goela abaixo pelas tropas amotinadas da Vila Militar.

— A "Redentora" enverga o uniforme de campanha e vai à guerra...

— Contra o seu próprio povo — cortou o fluminense a sátira do mineiro.

Com o endurecimento do sistema, causado pelo rechaço popular das urnas, ficava claro que a Revolução viera para ficar. E por muitos anos. Como também era ela um movimento militar como nunca tivemos em nosso passado.

— Companheiro, eu cá acho que temos que organizar, desde aqui do exílio, a derrubada da ditadura militar que se implantou em nossa terra — sentenciou gravemente o maranhense, prosseguindo: — Ou então vamos ficar exilados, feito os espanhóis e paraguaios, pelo tempo que os donos do poder determinarem. Eu vou para o Uruguai e de lá vou agir. Lá tem companheiros em número suficiente para montarmos o nosso movimento. Vamos deixar alguém aqui na Bolívia, porque isto aqui é um ponto importante para o retorno do grupo de companheiros engajados na nossa luta. Você topa ficar aqui, mineiro?

— Até topo. Mas cuidado para não darmos passadas maiores qua as nossas pernas, que é por isso que viemos esbarrar aqui — contestou Barros Otávio.

A reação maranhense polarizou um grupo grande de exilados. Notava-se claramente que não eram poucos os que perfilavam a sua tese, que vinha sendo debatida exaustivamente por todos já fazia algum tempo. E assim foi também no Uruguai, soube-se depois. Contudo, havia também exilados que preferiam retornar ao Brasil para se engajar na luta política contra o sistema, até mesmo na clandestinidade. Muitos assim o fizeram. E mesmo entre os que pretendiam organizar no exterior um polo de luta armada contra o sistema, havia nuances diversas: uns, formando o grupo talvez mais numeroso por contar com lideranças importantes, pensavam mais na luta de tipo *putsch* — golpe de mão ao estilo militar —, desencadeada de unidades militares, que seriam previamente dominadas; outro grupo, de inspiração mais marxista, achava que se tinha de organizar um foco guerrilheiro no interior do país, na zona rural, partindo daí para a generalização do movimento armado contra a ditadura militar; outro mais, também de cores marxistas, preconizava a guerrilha urbana e se apoiava em movimentos clandestinos já existentes no Brasil e que também já se organizavam para isso.

Foi assim que transcorreram os meses finais de 1965, com exilados se organizando segundo as várias tendências e agindo em consequência nos anos seguintes. Mais de um golpe de mão, o estilo *putsch* fracassou, sendo o do coronel Jéferson Cardim o que mais ficou conhecido, porque chegou a internar-se Brasil adentro, provocando intensa mobilização de tropas regulares no seu encalço. Mas vários outros fracassaram ainda na fase da conspiração, desbaratados por delação — o SNI se infiltrava fundo entre os exilados — ou por mera candura e inexperiência dos conjurados. Não foram poucos os que pagaram com a vida o empenho de derrubar a ditadura militar por essa via.

"Companheiro: aí vão os primeiros companheiros que precisam entrar no Brasil. O de nome Willy lhe explicará tudo. Dê notícias da execução da incumbência pela forma combinada. Abçs. do Maranhense."

Essa foi a primeira operação retorno que Barros Otávio organizou, com a decisiva colaboração dos bolivianos que, desde o golpe de Barrientes, vinham mantendo estreita ligação com os brasileiros exilados. Outras se sucederam. Todas deram certo, isto é, os companheiros atingiram o ponto a que se destinavam sem transtornos. Willy, o companheiro do primeiro grupo, explicou para Barros Otávio que o plano era o foco guerrilheiro no Caparaó, e convidou o mineiro para fazer parte. Relutante, teve seu retorno preparado pelos bolivianos na esteira do último grupo vindo do Uruguai. Até Puerto Suarez, tudo decorreu normalmente. Na hora de cruzar o lado brasileiro pelo Posto da Fronteira nas cercanias de Corumbá, o ônibus tipo jardineira em que viajava foi interceptado pelo exército para controle de documentação dos passageiros. Era cerca de meio-dia. O sol a pino castigava e tornava sufocante o calor naquelas baixadas de alagadiços das margens do rio Paraguai. Um cabo e um sargento iam, acompanhados de soldados com metralhadoras em punho, pelo lado de fora do veículo, um de cada lado, colhendo as identidades. Barros Otávio suava em bicas. Não apenas pelo calor. Ali podia ir por água abaixo o seu retorno tão cuidadosamente preparado. Seu companheiro boliviano, juiz de direito de Puerto Suarez, também estava visivelmente preocupado. Rapidamente combinaram que não se conheciam. Caso contrário, a via de entrada estaria também liquidada. Chegou a sua vez:

— Seus documentos — falou imperativo o sargento.

— Pode anotar, sargento — respondeu, não menos imperativo, o mineiro, exibindo, sem entregar ao militar, uma antiga carteira de oficial da reserva que portava na qual estava o seu verdadeiro nome e com a qual obtivera asilo na Bolívia. Era arriscado, porque o sargento ia conferindo todos os documentos com uma lista que portava. Felizmente o atrevimento deu certo. Olhado o documento e vendo que se tratava de um oficial, o sargento se perfilou, fez continência, apresentou-se e disse:

— Se o senhor, tenente, tivesse me chamado, teríamos abreviado a operação e a viatura já estaria liberada.

— Sei disso, sargento. Mas preferi observar como você é um zeloso cumpridor dos seus deveres.

O sargento agradeceu e a jardineira seguiu para seu destino sem mais problemas.

XXIX

Atrever-se é preciso

Naquele Posto de Fronteira, quando o sargento e seus soldados interceptaram a jardineira boliviana para conferir a documentação dos passageiros, pela cabeça de Barros Otávio passou todo um filme de recordações. Mais de uma vez já estivera em situações extremas semelhantes, quando se impunham decisões rápidas e — por que não dizê-lo — atrevidas. São momentos que decidem tudo e que, também, não dão tempo de pensar muito. Há que jogar a cartada firme e rápida. Há que conter o medo e nem de leve pensar nas consequências. É agir. Qualquer vacilação pode botar tudo a perder. Pode descobrir o jogo para o outro, a fragilidade da situação não pode transparecer.

Dentre as recordações, uma se fixou mais na mente do mineiro. Aconteceu em Governador Valadares. Anos depois, numa série de notas e reportagens sobre o livro *Nas terras do rio sem dono*, o jornalista Parajara dos Santos assim narrou os fatos num dos jornais da cidade:

"(...) Corria a administração de Joaquim Pedro Nascimento, que enfrentava problemas de lotes distribuídos nos bairros, herança da era albergariana. Houve séria crise, a ponto de o prefeito pedir polícia na prefeitura. Uma tarde, Barros Otávio, Tedesco e eu nos dirigimos à prefeitura a cobrir os acontecimentos. A prefeitura era na avenida e tinha longo e largo corredor de entrada, que terminava numa escada, que se dividia num patamar. A certa altura, Barros Otávio parou e fotografou três soldados que estavam de metralhadora em punho, a montante, no patamar. Depois disso, seguimos andando. "Quando chegamos próximo aos soldados, um deles, dirigindo-se a Barros Otávio, disse:

— Se eu comandasse este policiamento, quebraria sua máquina e lhe meteria no xadrez.

Barros Otávio guardou a máquina fotográfica calmamente e, em seguida, virando-se para o soldado, reagiu:

— E porque você não tem mentalidade é que não comanda coisa nenhuma.

E seguiu soltando uma porção de impropérios.

"Não sei se quem tremia mais era o soldado, o Tedesco, eu ou a metralhadora. Só sei que se criou uma confusão dos diabos, com envolvimento de outros policiais e circunstantes".

Estirado na cama num quarto de pensão da calorenta Corumbá, Barros Otávio fumava e passava em revista os acontecimentos. Era sua forma de planejar os passos seguintes, inda mais que devia esperar a entrada da noite para ir ao ponto de encontro com o elemento de ligação que o introduziria na organização que recebia os exilados.

O país atravessava o período de transição do governo Castelo Branco para o de Costa e Silva. Este viajara à Europa — "vou ministro e volto ministro", declarou ao jornalista que indagava se ele estava viajando para deixar o Ministério do Exército — e tinha sua posse por aqueles dias garantida como favas contadas. O general Cordeiro de Farias, seu principal opositor e exercendo o Ministério do Interior, de há muito deixara o cargo por entre choros e abraços com Castelo Branco. O velho conspirador — alma danada da trama golpista de 64 e fundador da Escola Superior de Guerra, a matriz da geopolítica militarista que os norte-americanos incutiram em nosso exército — fora impotente para conter os *troupiers* aglutinados com Costa e Silva. A posse do Português se daria por aqueles dias. Nos meios de comunicação, castrados pela censura do autoritarismo, ia acesa a campanha para vender uma imagem mais simpática do novo general-presidente, que todos sabiam ser um duro. O homem era pintado como um vovô bondoso e suas declarações públicas eram cuidadosamente pautadas, a fim de evitar que sua verdadeira natureza se revelasse, avolumando mais ainda sua notória impopularidade. Inda mais que as oposições, enraizadas no descontentamento popular, cresciam a olhos vistos. Ademar de Barros fora defenestrado do governo de São Paulo e Lacerda — já fora do governo da Guanabara, de que Negrão de Lima tomara posse a duras penas — movia violenta campanha nos jornais, no *Estado de S. Paulo* e no *Jornal da Tarde*, contra Castelo, a quem acusava de ditador e de ter traído os ideais — quais seriam? — da "Redentora". Houve um momento — a famosa viagem de Castelo Branco de Brasília para o Rio, com uma curiosa "escala técnica" em São Paulo — que a posse de Costa e Silva correu risco. Castelo Branco fora convidar o general Mamede, então comandante do poderoso e estratégico II Exército, para um contragolpe que alijasse o Português. Dizem que foi a última grande jogada conspirativa de Cordeiro de Farias. Fracassou rotundamente.

Por outro lado, havia um zum-zum de luta armada popular nos subterrâneos da vida nacional. Muitos exilados, à semelhança do ocorrido com Barros Otávio, haviam regressado sorrateiramente. De uma forma ou de outra, incorporavam-se às oposições. Uns para a luta política, outros para a tentativa de luta armada, urbana ou rural, contra o sistema. Barros Otávio, por exemplo, estava naquela hora sopesando a situação. Finalmente, ao cair da noite, tomou a decisão de só se incorporar a qualquer movimento depois de avaliar as condições existentes no país, impossíveis de serem bem conhecidos do exterior. Principalmente na situação de exilado na Bolívia.

XXX

Acampamento de guerrilheiros

Ao cair da noite, num distante bairro da cidade, Barros Otávio se entrosou com os elementos da organização que o acolhera. Não precisou muito tempo de conversa para perceber que se tratava do PCdoB, e já no dia seguinte rumava para Campo Grande e de lá para um sítio em pleno cerradão mato-grossense, onde foi encontrar umas duas dezenas de companheiros que ele mesmo ajudara no cruzamento da fronteira boliviana. Eram todos jovens, a maioria esmagadora de ex-militares que a "Redentora" excluíra das forças armadas, que ali se entregavam ao trabalho duro do campo, num estágio de adaptação à guerrilha rural que pretendiam desencadear. Antes de o sol nascer, já estavam de pé, fazendo suas abluções no jorro forte de uma bica d'água dos fundos de uma grota. Engolido o quebra-torto — que é como se chama o desjejum matinal naquelas bandas —, lá se iam, de machado em punho, derrubar cerrado e fazer lenha. Cortada na medida certa e empilhada em metros, a lenha era conduzida pelo caminhão da organização diariamente, às vezes até em duas viagens, para Campo Grande, distante algumas dezenas de quilômetros.

Esse trabalho pesado de machadeiros ia até cerca de meio-dia, quando todos retornavam ao grupo de casinholas rústicas em que moravam para o substancioso e farto almoço, que a fome àquela hora já era grande. Passavam primeiro pela bica d'água para o banho reparador e, terminado o almoço, uma sesta de no máximo uma hora. O resto do dia e o começo da noite — todos dormiam cedo, cansados de derrubar mato e fazer lenha — eram usados para leitura individual e coletiva, sessões de debates políticos e teóricos e ouvir os noticiários do rádio. Nos fins de semana, uma escapada à cidade, em grupos de no máximo três, que ninguém é de ferro.

Tudo isso era feito com tão cuidadosa discrição que ninguém jamais suspeitou da existência daquele sítio, um verdadeiro acampamento de preparo e treinamento de futuros guerrilheiros. O caminhão que transportava lenha, conduzido por velho e experimentado militante do PCdoB, era o elo do sítio com o mundo exterior. Por ele iam e vinham, partiam companheiros e chegavam outros, como também era mantido o abastecimento daquela comunidade numerosa.

O clima de convivência foi sempre muito bom. Uma discreta direção coletiva administrava o núcleo, com as discussões e decisões partilhadas por todos. Nunca houve caso sério reclamando a imposição de disciplina, e os pequenos senões, que sempre surgem numa comunidade numerosa e daquele tipo, eram resolvidos em camaradagem.

Contudo, aquela harmonia de convivência não disfarçava as profundas discrepâncias políticas e ideológicas de seus membros. Uns havia que julgavam acertado o assalto, puro e simples, a uma das unidades do exército, aquarteladas em Campo Grande. Argumentavam que uma preparação benfeita nos daria apoio interno à ação de dominar uma das unidades, partindo daí para as demais, até ganhar a guarnição. E, havendo preparação semelhante noutros pontos do país, estaria deflagrada a derrubada do governo da "Redentora".

— E o apoio externo de outros países e povos? — indagavam alguns.

— Isto aqui se transforma num Vietnã, companheiros, porque noutros países também haverá levantes por essa América Latina toda. E os gringos não vão ter braços para conter um continente sublevado.

Por aí seguia a discussão. Outro argumentava que o caminho era o das ações urbanas, bem sincronizadas em todas as grandes cidades, atarantando as forças do sistema, desorganizando a vida das cidades até a desestabilização do governo da "Redentora".

— E a população das cidades, como ficaria nisso tudo? Também não seria atingida, carreando antipatia e oposição popular para nós?

— Qual nada, companheiro. Os nossos núcleos de ação política saberiam explicar para o povo que se tratava de um sacrifício passageiro, da imposição de uma luta para acabar com o sistema e o governo que está impondo a ditadura e encaminhando a todos nós para dias muito piores no futuro.

Lá vinha outro para argumentar que a experiência de outros países onde as lutas populares venceram nos aconselharia a guerrilha rural como ponto de partida:

— Vivemos num império do latifúndio desde as sesmarias da época colonial. A maioria esmagadora da nossa população rural não tem terras, em que pese a imensidão do país. Nossos camponeses estão condenados a viver e trabalhar na terra dos fazendeiros que moram nos palacetes das cidades. Olhem aí Campo Grande. As casas mais bonitas são dos fazendeirões que possuem extensões enormes de terras, onde milhares e milhares de camponeses trabalham de sol a sol, plantando para dividir, com um único horizonte na vida: sair do campo, engrossar a população marginal das favelas nas grandes cidades, onde, por incrível que pareça, ainda vivem melhor que na escravidão do latifúndio do coronel. Portanto, há no campo um potencial revolucionário de tamanho incalculável. Se soubermos nos inserir nas concentrações camponesas, viver com eles e sofrer com eles, granjear sua confiança na luta pelas reivindicações menores e mais rudimentares, iremos até a mobilização de todos para as grandes ações pela posse da terra, que vão se chocar inevitavelmente com as forças do sistema. E aí tudo poderá começar.

— Mas — ponderou alguém —, isso vai levar um tempão. Isso não é luta para já.

— Concordo — respondeu o expositor. — Mas assim também foi noutros países. Porque eu sou daqueles que só acreditam em movimento revolucionário de massas, nunca como fruto da ação de alguns iluminados que tutelam o povo.

XXXI

Chega o coronel Dagoberto Rodrigues

— Companheiros — começou falando o encarregado do chamado Coletivo de Acampamento, na hora do quebra-torto, ao lusco-fusco do romper do dia: — Vamos encerrar mais cedo hoje o trabalho no cerrado, que está chegando aí um companheiro vindo do Uruguai, o Ivan, que a maioria de vocês conhece. Há novidades importantes para discutir e decidir.

Quase todos sabiam que Ivan era o nome de guerra do coronel Dagoberto Rodrigues, um dos altos oficiais do exército expurgado pela "Redentora", hoje integrando a direção do movimento que os exilados criaram no Uruguai para empreender ações que levassem à derrubada do autoritarismo instalado em nossa terra.

Antes da hora prevista, o coronel Dagoberto surpreendeu a todos ainda na labuta de derrubar cerrado e fazer lenha. Foi uma alegria geral, uma vez que ele era muito benquisto, principalmente dos ex-militares, numerosos no grupo. Abraçando a todos, com um gracejo especial para cada um, fazendo questão de olhar as mãos grossas de calos de machado de toda a turma, o coronel Dagoberto não desmentia sua fama de tipo jovial, metido num físico de baixote atarracado, olhos vivos e perscrutadores. Ali mesmo, foram todos tomando assento à sombra grande de um pequizeiro, ouvindo ávidos as novidades políticas, principalmente as da luta surda dos castelistas com o grupo Costa e Silva. Havia, então, muitas esperanças de que as escaramuças de parte a parte terminassem por cindir irremediavelmente o núcleo do poder militar, abrindo vez para as forças populares.

— E se nós estivermos preparados, com grupos iguais a este, semeados por vários pontos do país, teremos tudo para intervir com êxito nos acontecimentos e até mesmo provocar fatos novos explicou o coronel Dagoberto, e prosseguiu: — Ao ver me adentrando nesses chapadões dos cerrados mato-grossenses, tive que me recordar que foi exatamente aqui que muitos bravos escreveram páginas memoráveis de nossa história, nas batalhas da Guerra do Paraguai. Não vamos aqui falar dos erros ou dos acertos daquela guerra, ainda sofrendo uma avaliação histórica de muitos pesquisadores e estudiosos enfronhados no assunto. Mas queremos ressaltar que nos orgulhamos do heroísmo e dos sacrifícios patrióticos dos batalhões de soldados, formados nos mais distantes rincões da pátria, que para aqui vieram defender a causa da nacionalidade.

Parou, voltou-se para o mineiro, e provocou:

— Você sabia, meu caro jornalista, que da sua terra vieram não poucos batalhões lutar aqui?

— Sei, meu caro coronel, que da região de Pitangui, por exemplo, além de dois mil bois e um cacho de bananas de ouro maciço, doados pela legendária Joaquina do Pompeu como contribuição de guerra, vieram também batalhões de voluntários que vararam a pé aqueles ermos do oeste mineiro para vir guerrear nos chapadões mato-grossenses.

— Isso mesmo, companheiros, e era uma gente capaz de feitos tão admiráveis porque estava firmemente imbuída da crença de que era necessário defender a pátria invadida. Agora estamos aqui, neste mesmo lugar histórico, esforçando-nos para dar início à luta pela derrubada do autoritarismo que tomou conta de nossa terra — perorou com firmeza o coronel.

— E por que não partimos para a implantação de um foco guerrilheiro na zona rural, com elementos preparados e decididos assim como nós? Não foi assim em Cuba e de certa forma na própria China? — interviu, um tanto arrebatado, o ex-militar cearense.

— Uma coisa, companheiros, é a gente aproveitar a experiência de luta dos outros povos, e outra bem diferente é querer copiar pura e simplesmente o modelo que eles criaram... — começou falando o mineiro, logo interrompido pelo ex-sargento gaúcho.

— Isso são palavras. Por mais judiciosas que possam ser, são sempre palavras. De concreto, não podemos ficar de braços cruzados, enquanto a ditadura militar vai se consolidando. Temos que fazer alguma coisa. Como disse Che Guevara, é preciso se atrever. Fidel atreveu-se. Mao Tsé-tung também. O próprio Lênin soube atrever-se.

— Há ainda outro aspecto — retornou enérgico o mineiro. — O inimigo também soube tirar experiência dos acontecimentos revolucionários do passado. Repeti-los, pura e simplesmente, será cair irremediavelmente na armadilha deles. Temos que criar, escolher nosso próprio caminho, fincados firmemente na realidade de nosso país e do nosso povo. Nosso movimento tem de ser brasileiro, tipicamente brasileiro, não por nacionalismo, pura e simplesmente, mas porque quem vai lutar realmente é o nosso povo. Temos em nossa história muitos exemplos de lutas armadas populares, como a dos quilombos — especialmente de Zumbi dos Palmares — e a Guerra dos Canudos, chefiada por Antônio Conselheiro, para só ficarmos nessas duas. São lutas típicas da índole do nosso povo, lutas naturais dos brasileiros. Devemos estudá-las mais, penetrar na essência da natureza delas, e então partir para nossa luta. Caso contrário, seremos meros copiadores e fatalmente condenados ao fracasso, à derrota. Você, companheiro, cita Mao, Fidel e Lênin, esquecendo-se de que eles montaram seus movimentos revolucionários segundo a experiência de seus próprios povos. Mao, por exemplo, era profunda e entranhadamente chinês. Copiá-lo, simplesmente, será tentar, sem proveito, achinezar os brasileiros. Impossível, companheiros.

— É sempre bom que a gente discuta assim, expondo livremente os pontos de vista de cada um, até se chegar a uma decisão, decisão da maioria. Vamos continuar o diálogo franco depois do almoço — propôs o coronel, com a aprovação geral.

XXXII

Caparaó

Várias sessões de discussão, como a da sombra do pequizeiro, foram sendo feitas ao longo de quase uma semana, ficando marcadas as posições:

— Um grupo, o mais numeroso e apoiado pelo coronel Dagoberto, defendia a instalação de um foco de guerrilha rural, imediatamente. Outro, também com vários adeptos, achava que a luta devia partir de ações urbanas de fustigamento e desmoralização das forças do governo, sempre procurando fazer causa comum com os movimentos reivindicatórios dos trabalhadores, agindo assim como o braço armado do descontentamento popular.

Havia também o grupo menos numeroso dos que achavam que as ações armadas poderiam se desenvolver tanto no campo quanto nas cidades, desde que sempre escoradas nos movimentos de massa, como uma resultante desses movimentos, e nunca como a ação de um grupo de vanguarda apenas, que acabaria fatalmente isolado do povo e enfrentando sozinho as forças da repressão, condenado assim à derrota inevitável. Por último, o grupo dos denominados putchistas, isto é, que preconizavam o assalto aos quartéis com elementos bem treinados e decididos, algo assim como o assalto ao Quartel de Moncada, em Cuba.

Por horas e horas a fio, era travado o debate acalorado, com as posições de cada grupo ficando sempre mais nítidas. Havia momentos de enfrentamentos verbais até violentos, com o coronel Dagoberto agindo de moderador para que as coisas não degenerassem em conflitos abertos.

Mas também foi ficando claro, e democraticamente aceito, que não seria possível impor a todos, por simples força de votação, uma única decisão por esta ou aquela tendência. Assim, se a decisão fosse pela guerrilha rural com a instalação imediata de um foco guerrilheiro, os partidários das demais tendências seriam livres de participar ou não da ação planejada. Como também, adotada uma decisão, somente os que dela fossem participar tomariam parte das medidas práticas para viabilizá-las, devendo os demais abandonar as reuniões que se fariam a seguir.

Foi assim que se chegou à reunião da decisão final, quando cerca de sessenta por cento dos participantes optaram pela guerrilha rural, com imediata criação de um foco. Muitos dos partidários de guerrilha urbana e muitos dos putchistas concordaram em participar da instalação do foco guerrilheiro. Mas a totalidade dos que discordavam da luta armada pura e simples, como forma de aglutinação política, não quis participar mais das reuniões práticas que se seguiram, embora eles deixassem claro que procurariam dar respaldo político às ações armadas que fossem intentadas.

Este último grupo se retirou do acampamento para deixar os outros à vontade no planejamento do foco guerrilheiro de Caparaó, porque foi aí que se decidiu pela tentativa heroica, mas fadada ao fracasso, da Guerrilha do Caparaó.

Ali foram tomadas as medidas práticas de organização e financeiras para dar início ao foco guerrilheiro. Cerca de trinta companheiros, da melhor cepa de luta, foram divididos em grupos de tarefas as mais variadas, desde o provisionamento de gêneros até a escolha do armamento e dos meios de transporte para o local do foco. Supervisionados pela experiência de estado-maior do coronel Dagoberto, todas as medidas foram minuciosamente adotadas, cabendo ao PCdoB — que em princípio discordava da ação — contribuir com a sua organização para viabilizar o deslocamento em segurança dos que iam instalar-se no Caparaó.

Ao longo de meses e meses, num trabalho paciente só comparável ao de uma aranha tecendo a teia, cada grupo ia cumprindo a parte que lhe tocava na tarefa global. Houve momentos de risco e houve ajuda até de um boliviano excepcional, Mário Arrieta, na compra de armas e equipamentos. Por entre dificuldades, que às vezes pareciam insuperáveis, conseguiram eles juntar uma a uma as peças do plano e os elementos escolhidos. Chegaram ao Caparaó em perfeita segurança, sem que nem de longe as forças da repressão dessem pelo que planejavam e executavam. Praticamente não houve falha no vasto e delicado trabalho dessa fase de preparação. O fracasso da Guerrilha do Caparaó, como depois ficou conhecida, teve causas políticas bem definidas, bem de acordo com as observações críticas que um dos grupos do acampamento lá de Mato Grosso sempre fizera à tática do foco guerrilheiro.

O lamentável é que, em Caparaó, muitos dos melhores lutadores daquela época foram presos, passaram por dura experiência e ainda ficaram condenados a assistir, de dentro dos cárceres, ao avanço do movimento geral contra a ditadura militar.

XXXIII

Porque fracassaram as guerrilhas

Vivíamos os anos tumultuados que precederam à decretação do Ato Institucional Número Cinco,o AI 5. Conforme passou à história, foi o instrumento mais completo e expressivo do autoritarismo militar brasileiro. Estimulado pela retumbante vitória eleitoral das oposições em Minas e no Rio, o movimento popular renascia vigoroso. Passando por cima de sindicatos sob intervenção, os trabalhadores se lançavam à luta contra o achatamento salarial a que estavam condenados pela política econômica de Roberto Campos e Bulhões, e que Delfim Neto se preparava para seguir. Era tal o ímpeto do movimento operário que, na Cidade Industrial de Belo Horizonte, os metalúrgicos deflagraram a primeira greve no país desde o golpe militar — liderada, dentre outros, por Enio Seabra e Walter de Assis —, obrigando o recém-empossado governo Costa e Silva a esmerar-se no uso alternado das blandícias do ministro Jarbas Passarinho e da repressão brutal da polícia política e das tropas militares. Por todas as faculdades do país, a mocidade estudantil se agitava na campanha para resgatar a UNE, proscrita pelo militarismo, e as universidades submetidas a interventores.

De outro lado, se a "eleição" de Costa e Silva revelara antagonismos de grupos nas fileiras militares, a vitória das oposições em Minas e no Rio, seguidas das medidas de força na dissolução dos partidos políticos e da votação acelerada de uma constituição por um Congresso abastado pelas cassações — até o relógio foi atrasado para servir ao general-ditador —, provocava indisfarçável mal-estar entre as chamadas forças civis da "Redentora". Mauro Borges e Ademar de Barros já tinham sido defenestrados. Na Assembleia Legislativa do Rio Grande do Sul, Castelo cassara quantos deputados necessários à conquista da maioria de que necessitava, deixando um travo de amargura nos brios gaúchos. Carlos Lacerda, que já fora do governo da Guanabara, passou de corifeu da "Redentora" a seu crítico mais azedo, tanto nos seus artigos de jornal como nos seus pronunciamentos públicos.

Era palpável o clima de inquietação no país quando Juscelino regressara do exílio, mantendo, antes, contatos com Lacerda na Europa, decidindo lançar a Frente Ampla, que logo depois passa a contar também com o apoio de João Goulart. Grandes manifestações de rua começam a tomar conta do Brasil. A do enterro do estudante Edson Luís, assassinado pela polícia, foi a mais impressionante: cerca de cem mil pessoas desfilaram em passeata pela avenida Rio Branco, sendo ovacionadas delirantemente pelo povo das calçadas e das janelas dos edifícios. Estava claro que a "Redentora" perdera os últimos resquícios de apoio popular, e só pela força militar poderia continuar encarapitada no poder.

Desde que abandonara aquele acampamento lá em Mato Grosso, Barros Otávio andava entrosado com o pessoal do PCdoB, no trabalho duro e arriscado de reavivar as bases do partido no estado, principalmente nas concentrações camponesas da região do Araguaia. Porque, se era verdade que o PCdoB não embarcara na tentativa ainda em curso de fazer o foco guerrilheiro de Caparaó, não era menos verdade que vários de seus dirigentes de então já estavam empenhados na preparação da Guerrilha do Araguaia. Visitando amiúde várias concentrações de posseiros empenhados na luta pela terra naqueles ermos do Araguaia, Barros Otávio cada vez mais se convencia da impraticabilidade de um foco guerrilheiro naquelas paragens. E aos companheiros da direção do PCdoB, explicava:

— O descontentamento que temos visto nas concentrações camponesas por onde andamos não tem nenhuma razão política. É simplesmente a revolta contra o grileiro, a disposição de lutar em defesa da posse da terra. O posseiro não faz a ligação política do grileiro com a ditadura militar, mesmo porque já existem, rondando por lá, vários elementos do exército — dentre eles um apelidado de Curió — reunindo os posseiros aqui e acolá, ouvindo suas queixas e reivindicações, prometendo impedir que os grileiros tomem suas terras. Portanto, a luta do posseiro, que vimos no Araguaia e no norte de Mato Grosso, começa e termina na posse da terra. Se quisermos dela participar e nela imprimir mais consequência, teremos que ter quadros politicamente preparados em cada concentração camponesa, vivendo a vida de posseiros, vistos pela comunidade dos lavradores como mais um deles. Nada de grupos trazidos de fora e caídos entre os posseiros como estranhos. Isso porque, quando a repressão for desatada, eles poderão até ser repelidos pelos posseiros, que verão neles os pontos de atração da ação repressora que sempre atinge toda a comunidade. Se levarmos ainda em conta que o exército, por seus serviços de informação, já está alertado e desenvolvendo uma ação de conquista dos lavradores, prometendo-lhes terra e proteção, não será difícil prevermos que muitos camponeses passarão a colaborar com a repressão, dando informações, delatando mesmo.

Infelizmente, não deu outra coisa. Tanto em Caparaó como no Araguaia, principalmente, a repressão contou sempre com a colaboração ativa dos lavradores coagidos pelo medo, ou até mesmo — por que não dizê-lo? — prestimosos informantes e guias, por julgarem que assim estavam defendendo sua terra e livrando a comunidade de estranhos elementos que carrearam para lá intranquilidade e insegurança.

XXXIV

De novo no exílio

Enquanto esse debate era travado dentro do PCdoB, a "Redentora" investia contra o movimento popular: decretava a ilegalidade da Frente Ampla; proibia as manifestações de rua ou mesmo as reuniões políticas em recinto fechado — foi quando Benedito Valadares afirmou que "reunião com mais de dois é comício —; reprimia violentamente o movimento estudantil e operário; humilhava afrontosamente Juscelino, forçando-o a repetidos e vexatórios depoimentos em unidades militares; reduzia Lacerda ao silêncio; finalmente decretava o Ato Institucional Número Cinco, pondo o congresso em recesso, depois de um atrito contundente com o senador Auro de Moura Andrade, então presidente do congresso, por afirmar publicamente que "farda não é toga e quem a veste não é juiz".

Sobrevém à estranha doença de Costa e Silva, quando três ministros militares decidem julgar o enfermo incapaz, assumem o governo no lugar do vice-presidente, Pedro Aleixo, praticamente preso, e a sucessão passa a ser aconchavada nos desvãos dos estados-maiores, sendo imposto o general Emílio Garrastazu Médici, que, além de comandar o poderoso III Exército, tinha um trunfo inigualável: era oficial do serviço de informações e até chefiara o SNI. Um congresso amedrontado e domesticado pelas cassações, sacramenta a escolha do general para presidente, e o Brasil mergulha na noite mais sombria da ditadura militar, com a repressão prendendo, torturando e matando, enquanto Delfim Neto proclamava o milagre brasileiro, alimentado pelos dólares fáceis e fartos que as ditaduras militares latino-americanas passaram a obter nos bancos internacionais.

Já um pouco antes do endurecimento da "Redentora", Barros Otávio havia optado pela tentativa de legalizar-se e ingressar no movimento político oposicionista. Não vingaram seus argumentos contra o foco de Caparaó, logo desbaratado, muito menos contra a guerrilha do Araguaia em gestação. Inda mais que os acontecimentos que levaram o país ao Ato Cinco serviam de reforço às posições dos que defendiam a tese de que só a luta armada arrancaria os militares do poder. E que o foco de luta guerrilheira, além de obrigar o governo a mobilizar suas forças para combatê-lo, aliviando a repressão sobre os movimentos populares nas cidades, funcionaria como o ponto de atração para todos os que queriam o fim do autoritarismo. Enfim — concluíam eles —, o foco guerrilheiro passaria a ser gerador de acontecimentos políticos.

Assim, para Barros Otávio, não havia muito mais o que fazer junto ao PCdoB. Sua divergência com a organização era de princípios. Ele achava, e sempre reafirmava, que a política é que poderia desaguar na luta armada, e nunca o contrário, isto é, da luta armada é que nasceriam os acontecimentos políticos. Por outro lado, haveria a possibilidade jurídica de enfrentar o IPM existente contra ele na Auditoria de Juiz de Fora, e um processo, em João Pinheiro, pela falsificação de um título de eleitor.

Mobilizando recursos próprios e familiares, lá se foi ele, junto com os seus, correr os riscos e percalços de forçar uma vida legal. Mais de uma vez foi chamado a depor na Polícia Federal. Conseguiu ser absolvido no processo de João Pinheiro — graças, principalmente, ao depoimento corajoso do então senador Milton Campos — e, quando se preparava para enfrentar o IPM de Juiz de Fora — mais de setecentas páginas de um volumoso processo ocorrido inteiramente à sua revelia —, encachoeiraram os acontecimentos que culminaram no Ato Cinco e no governo Médici.

Dias depois de entrar em vigor o Ato 5 — cassado o deputado Simão Cunha, entre outros —, a polícia já o buscava para levá-lo detido a Juiz de Fora. Prevenido por amigos, Barros Otávio conseguiu fugir horas antes da chegada da polícia à sua residência. Dando voltas que despistassem seus perseguidores, apelando até para alguns disfarces pessoais, rumou para Mato Grosso, região sua velha conhecida e onde praticamente ninguém sabia de sua verdadeira identidade. Amparado por amigos, por lá ficou meses, sempre na esperança de que sobreviessem acontecimentos capazes de aliviar a situação política geral do país.

Debalde. Chegou um momento que mesmo sua permanência em Mato Grosso oferecia riscos. Já estava sendo farejado por lá. O jeito foi cruzar para o Paraguai, num dos pontos desguarnecidos da fronteira, de lá tomar o rumo do exílio no Uruguai, por mais de dez anos. Meses depois de chegar ao Uruguai, ainda na condição de simples refugiado, vem do Brasil a notícia incontornável: fora condenado, à revelia, a nada menos que oito anos de prisão, pela Auditoria de Juiz de Fora.

Era o futuro da vida de exílio sendo plantado à sua frente, de maneira inapelável.

XXXV

A Suíça da América Latina

Primeiro de maio de 1969. Montevidéu era uma cidade morta. Cumpridas as formalidades do desembarque no Aeroporto de Carrasco, Barros Otávio toma um dos poucos táxis e ruma para a cidade. Quase ninguém nas ruas. O comércio estava todo rigorosamente fechado, até os bares e restaurantes. Um ou outro carro particular ou táxi especial com a bandeira do sindicato.

— Uai, por que a cidade está assim, toda parada?

— Hoje, brasileiro, é primeiro de maio. Nada funciona — respondeu o motorista, num português carregado de galego. E, com uma ponta de orgulho, desdobrou-se em explicações.

Impressionante uma cidade daquele porte, praticamente deserta, especialmente no centro. Nenhum lugar para tomar sequer um café. Cinemas também fechados. Táxis, com a identificação sindical, passavam vez por outra, numa ronda de fiscalização. Ônibus, nem pensar. Que ninguém fosse pilhado desobedecendo à ordem de manter paralisadas todas as atividades. Quem quisesse se deslocar de um lugar para outro, que o fizesse a pé. Os poucos táxis que trabalhavam eram apenas alguns do aeroporto ou para atender a emergências.

Conduzido a um pequeno e modesto hotel, lá permaneceu tempo suficiente de entrar em contato com outros exilados e providenciar uma moradia mais em conta para um exilado pobre. Inda mais que os horizontes estavam escuros. Ninguém, àquela altura dos acontecimentos, poderia honestamente prever a duração do exílio, já que a

"Redentora" recém-ingressara na fase mais repressora e cruel de sua existência desatinada.

Em fins da década de 60, o Uruguai passava por dias tumultuados de agitações políticas e sociais. Tradicionalmente o país de instituições políticas mais livres e democráticas da América Latina, completadas por uma legislação social das mais avançadas, a sociedade uruguaia estava inquieta pelo golpe militar no Brasil e pela preponderância crescente dos militares argentinos, tutelando na prática o poder do outro lado da Prata. País eminentemente civilista — seu general mais famoso, considerado o Pai da Pátria, Artigas era um civil que nunca se fardava —, temia pela preponderância dos militares nos países vizinhos, inda mais que seu presidente da república, Pacheco Areco, vinha se revelando um ardoroso cortejador dos militares, autêntica vivandeira de quartel. Seus fins de semana eram sempre passados num ou outro quartel, confraternizando com a oficialidade, fazendo declarações exaltadoras dos militares e cheias de ameaças à vida democrática do país. De mentalidade autoritária, que imprimia a seu governo, teve mais de uma vez ministros derrubados do cargo pela ação vigilante do Parlamento. Nesse particular, ficaram famosas as interpelações de ministros promovidas pelo líder do Partido Blanco, Wilson Ferreira Aldunate.

Os partidos políticos existentes no Uruguai — o Colorado, o Blanco, o Comunista, o Socialista e o da Democracia Cristã, entre os principais — eram profundamente enraizados na sociedade e funcionavam efetivamente desde as bases. Suas sedes, espalhadas por toda cidade e até nas vilas mais distantes, eram palco permanente de reuniões, conferências e debates, com notável concorrência de assistentes, especialmente naqueles dias de inquietação política marcante.

Por outro lado, os sindicatos eram particularmente ativos, organizados desde as empresas, com uma central sindical poderosa. Aliás, a tradição de organização sindical dos uruguaios tem suas raízes na chegada ao país dos imigrantes espanhóis e italianos, muitos deles anarcossindicalistas, e até mesmo dos operários espanhóis e italianos, que foram expulsos do Brasil por ocasião da famosa greve geral de São Paulo, por volta de 1919, e recebidos festivamente pelo povo uruguaio no porto da cidade, tendo à frente o próprio presidente da república, José Batlley Ordonez. Com tal origem, o sindicalismo uruguaio tinha robusta envergadura teórica e era esmagadoramente de esquerda, com clara preponderância comunista.

Numa sociedade com tais características, o movimento estudantil era forte e penetrado de vanguardismo. As entidades estudantis estavam sempre realizando debates e manifestações políticas muito concorridas, além das promoções culturais, mantendo intenso intercâmbio com as entidades irmãs de outros países e fazendo da universidade — só existe no país a Universidade de La República — um centro nervoso de efervescência política.

Com uma imprensa inteiramente sem censura, livrarias ostentando quaisquer tipos de obras, cinemas exibindo filmes famosos, como a *Batalha de Argel*, *"Z"*, *Deus e o Diabo na terra do Sol*, *Sete dias de maio* e outros desse estilo, teatros cumprindo sua missão de crítica social como nunca, o Uruguai — especialmente sua capital, Montevidéu, onde vivia mais de cinquenta por cento da sua população — era também, naqueles tempos finais dos anos 60, o refúgio e ponto de encontro dos proscritos políticos das ditaduras latino-americanas. Lá estavam os paraguaios escorraçados por Stroessner; os bolivianos derrotados no último golpe dos muitos que sucederam em seu país; os peruanos e equatorianos de esquerda; os foragidos argentinos das mais variadas tendências; e agora, sobressaindo pelo número, os milhares de brasileiros que os militares forçaram ao exílio em massa, fato que aconteceu pela primeira vez em nossa história.

Merecia o Uruguai de então a denominação que se lhe dava de Suíça da América Latina.

XXXVI

O fenômeno Tupamaro

Vários foram os fatores que se conjugaram para o surgimento do fenômeno Tupamaro no Uruguai. Uma sociedade debatendo e vivendo intensamente a política, fundamentalmente preocupada com um militarismo de clara inspiração norte-americana, que ia tomando conta dos países do sul do continente e despontava aqui e ali nas declarações de alguns de seus políticos e militares. Uma juventude estudantil tocada de vanguardismo, especialmente inspirado no exemplo de Cuba e de líderes como Che Guevara, que tanto influiu nos países latino-americanos na década de 60. Num quadro desses, um fenômeno como o movimento Tupamaro teria inevitavelmente que brotar.

Principalmente se aliarmos a tudo isso algumas características econômico-sociais do país. De área territorial diminuta e ocupado por uma população que há anos praticamente não cresce, o Uruguai é um país de economia agroestoril, de terras fertilíssimas e extensas pastagens naturais, tomadas por enormes rebanhos de bovinos, ovinos e equinos. São cerca de 14 milhões de bois, por exemplo, numa proporção de quase cinco bois para cada uruguaio. "Somos gigolôs de vacas", diziam eles com sarcasmo. Seus milhões de ovelhas tornaram o país um dos grandes exportadores de lã e de cordeiros abatidos. Também a suinocultura e a avicultura são desenvolvidas, e estão destacadamente presentes na pauta exportadora do Uruguai. Levando em conta essas características, o grande José Batlle y Ordonez, um dos seus políticos mais notáveis e presidente da República mais de uma vez, defendia arduamente a tese de que o futuro do Uruguai estava na agricultura, na pecuária e na agroindústria, para ser um verdadeiro celeiro do mundo.

Um parêntese se impõe aqui: com a subida dos militares ao poder, espertos homens de negócios os induziram a plantar uma política de industrialização artificial e desastrosa, querendo instalar siderúrgicas, metalúrgicas e até indústria automobilística, com se possível fosse competir nesse terreno com as indústrias já tradicionais do Brasil e da Argentina.

Prossigamos. Tem-se mesmo a impressão de que, dentro das atuais estruturas econômicas e da propriedade da terra, o Uruguai já desenvolveu o que tinha que desenvolver, "já deu o que tinha que dar", conforme se diz. Por isso mesmo, é um país de escassa mobilidade social, onde o grande empregador é o Estado. E como o poder de estado está fortemente seguro pelas cúpulas dos tradicionais partidos Blanco e Colorado — "la rosca", conforme acusam —, que se alternam no poder, são eles que dividem entre si os empregos públicos, nas empresas estatais e mesmo nas grandes empresas privadas, todas elas umbilicalmente ligadas ao Estado, o grande comprador.

Outra importante característica é que, no Uruguai, o ensino é gratuito em todos os graus. A mocidade uruguaia estuda. Forma-se e são raros os filhos do povo que conseguem um emprego com seu diploma. Os filhos das famílias tradicionais ocupam quase tudo. Então o jovem emigra. Vai trabalhar na Austrália, no Canadá, no Brasil, na Argentina, etc. O Uruguai é um grande exportador de mão de obra de nível universitário. Dizem mesmo que há mais uruguaios espalhados pelo mundo que dentro do próprio Uruguai.

Por tudo isso, foi exatamente entre a juventude uruguaia, fundamentalmente entre os estudantes, que nasceu e cresceu o movimento Tupamaro. Primeiramente como uma tendência, e logo depois como uma dissidência do Partido Socialista. Uma rebeldia alimentada pelo vanguardismo juvenil dos anos sessenta. Como que, num imenso caldeirão, foram mesclando vanguardismo de inspiração cubana, especialmente o chamado guevarismo, e algumas concepções marxistas pouco claras, muito nativismo de cambulhada com nacionalismo, dando como resultado o movimento Tupamaro, ideologicamente impreciso e mesmo indefinível.

E partiram para a ação. Primeiramente com os chamados "cañeiros", os trabalhadores da cana-de-açúcar do norte uruguaio, especialmente da província de Artigas. Aquela legião de jovens defendendo os direitos de uma das parcelas mais miseráveis da população rural, foi emocionante, e os Tupamaros conquistaram desde o início as simpatias gerais. Depois invadiram os escritórios da Financeira Monti e revelaram segredos escandalosos da especulação financeira e das trapaças de figurões da vida econômica nacional. Os aplausos foram retumbantes, e os Tupamaros alçados assim à condição de vingadores sociais, como que uns Robin Hoods modernos.

Todo o mundo queria saber o que era o movimento Tupamaro. A aguda curiosidade era alimentada por reportagens e artigos de jornais, todos eles fazendo mistério sobre a direção do movimento, mantida na mais rigorosa clandestinidade. Um folheto intitulado "32 Perguntas a um Tupamaro" fez época, corria de mão em mão, esgotava edições seguidas. Do exterior chegavam experimentados repórteres para revelar ao mundo o singular movimento surgido no Uruguai.

XXXVII

De como militarizaram o país civilista da América

Toda uma série de pequenas e vitoriosas ações, quase sempre sem muita violência, era levada à prática da continuidade, tornando os Tupamaros cada vez mais simpáticos à opinião pública. Os Tupas — eram assim carinhosamente chamados pelo povo, então — esmeravam-se em não entrar em choque com as forças do exército, que, por sua vez, também se mantinham bastante alheios à tarefa repressora entregue à Metropolitana e à Republicana, as duas corporações policiais.

Depois de assaltar e apoderar-se do armamento de um clube de tiro ao alvo da oligarquia, os Tupas partiram para ações mais atrevidas, que marcaram uma radicalização visível de sua ação: os sequestros de personalidades, a começar o de Pereira Reverbel, o odiado presidente da UTE, estatal de energia elétrica e telefones do Uruguai. Esse sequestro se prolongou por mais de um ano, provocando sentimentos contraditórios na opinião pública. Outros sequestros mereceram o repúdio claro da população, como o do cônsul brasileiro Aloísio Gomide, que mobilizou a opinião pública internacional, com sua esposa comovendo meio continente. Dan Mitrione, o professor de repressão e torturas da CIA, com larga e tenebrosa passagem pelo Brasil, foi sequestrado e morto, justiçado, conforme diziam então.

Com essas ações violentas, os Tupas foram se separando do povo, porque simplesmente ninguém gostaria de ficar comprometido com sequestros e assassinatos. Foi aí, exatamente aí, que começou a derrocada do movimento. Separados do povo, ficaram expostos sozinhos à repressão.

Assassinando Dan Mitrione, os Tupas cutucaram a onça com a vara curta. A CIA desceu para o Uruguai. Todo um programa meticuloso de ajuda militar e assessoria às forças armadas foi posto em execução pelos norte-americanos, distribuindo papéis importantes para o Brasil e a Argentina. Assessores ianques, argentinos e brasileiros, enchiam os quartéis e as repartições policiais. Armas e equipamentos, especialmente viaturas em profusão, deram outra feição às pequenas e modestas forças armadas e policiais uruguaias. O exército, por exemplo, que no início do movimento Tupamaro contava com apenas 8.500 figurantes — "mal armados e pessimamente equipados", segundo o tal folheto dos próprios Tupamaros —, chegou depois a ter dezenas de milhares em seus efetivos. A força aérea ganhou aviões e helicópteros novos, construiu e equipou bases militares. A marinha recebeu barcos e conscritos, ampliou e modernizou suas instalações. Enfim, militarizaram o pequeno Uruguai numa escala inimaginável e até caricatural. Montevidéu estava cheia de "zonas de segurança", viaturas com homens armados trançando o dia todo pela cidade, e até se chocando entre si, numa saturação até mesmo ridícula. Ora, uma nação sem empregos, oferecia de repente vagas relativamente bem remuneradas e com muitas regalias à sua juventude. Assim, a carreira militar que, num país eminentemente civilista como o Uruguai, sempre foi tida como atividade inferior — dizem que nas famílias de três filhos, por exemplo, o mais inteligente ia para a universidade, o do meio para as atividades práticas da produção e o mais tacanho para as forças armadas —, passou a ser modo de vida até privilegiado. Começou-se a falar em generais, almirantes e brigadeiros — ganharam proeminência os Christi, Querolo, Bolentini, Gregório Álvares, Marques, Danilo Sena, Rapela, e outros que tais —, pessoas que jamais teriam ganho notoriedade e estariam, como estavam com a retomada da normalidade democrática do país, apenas entregues às fainas rotineiras das casernas, de onde nunca deveriam ter saído.

Lado a lado da militarização exacerbada do Uruguai, da supressão completa das liberdades, da censura ferrenha à imprensa pela permanência do chamado "estado de guerra", a CIA entrou com o seu chamado "jogo sujo". Infiltrou elementos nas fileiras dos Tupas, como Amódio Perez, o segundo da hierarquia tupamara, instituiu a tortura como prática normal para investigar, amedrontar e reprimir. Começou então o desbaratamento da organização, numa escala rápida e violenta. Esconderijos, aparelhos, campos de treinamentos, cárceres secretos para sequestradores — os chamados "cárceres do povo" —, depósitos de armas — conhecidos como "berretines" — foram caindo um a um. Houve até o caso clássico da farmácia da esquina de Maldonado e Ibicuy, onde compareceu pessoalmente Amódio Perez, conduzido por uma patrulha militar, ordenando ao farmacêutico atônito que entregasse os depósitos de armas cuidadosamente escavados no subsolo.

Para contar com a delação até de elementos do povo, a repressão necessitava impopularizar cada vez mais os Tupamaros. Urdiram então uma trama verdadeiramente infernal: eles mesmos desfecharam ações brutais e revoltantes, como se fossem os Tupamaros. Foi assim, por exemplo, no estúpido assassinato dos quatro soldados de guarda na porta do comandante do exército, que tomavam chimarrão tranquilamente ao amanhecer do dia quando foram metralhados. A brutalidade da ação revoltou o país, e o enterro das pobres vítimas propiciou uma manifestação antitupamara que mobilizou meia Montevidéu.

O futuro ainda vai esclarecer muitos atentados desse tipo acontecidos no furor da luta antiguerrilheira. No caso desses quatro soldados, houve ainda a agravante de que, no Parlamento, a oposição liderada por Wilson Ferreira Aldunate, estava então com os votos necessários para negar ao governo a prorrogação das chamadas "medidas prontas de seguridade", virtual estado de sítio que dava carta branca à repressão. Sobrevindo à morte dos soldados, não houve como manter os votos contra a exigência do governo, e as medidas de exceção foram concedidas mais uma vez pelo Parlamento.

Com poucos meses da intensa luta antiguerrilheira, nada restou da organização dos Tupamaros, literalmente arrasada, especialmente pela delação. Uma delação que, segundo denúncias fundamentadas de estudiosos do assunto, teve muito a ver com o emprego também de uma droga norte-americana, a Anectina, experimentada nas prisões de criminosos irrecuperáveis daquele país. Através de continuadas aplicações da droga, em sessões de psiquiatria e de torturas, desmontam a personalidade do preso, transmudam completamente o seu caráter, fazem dele um instrumento dócil e submisso.

Ora, um movimento de pouca ou quase nenhuma consistência ideológica, praticamente destituído de maturidade política, simplesmente foi extinto como organização operante pela conjugação planejada, inescrupulosa e brutal de forças e métodos eficientemente mobilizados contra ele, sob a égide dos instrutores da CIA e seus dólares, depois debitados à conta do povo uruguaio.

O mais lamentável de tudo foi a perda — pelo assassinato puro e simples, a tortura desenfreada, a corrupção e frustração dos anos e anos de cárcere sem horizontes — da grande e melhor parte de uma juventude generosa e admirável pelo espírito de luta e a vontade de mudar o Uruguai, arrancando o país da pasmaceira dos dias iguais, descerrando um futuro mais feliz para seu povo.

XXXVIII

Sob o terror da repressão

Pode-se dizer que a violenta luta para acabar com os Tupamaros funcionou como a mola mestra do golpe e da implantação da ditadura militar no Uruguai. Uma ditadura militar das mais primárias, brutais e incompetentes — do ponto de vista do trato com a coisa pública — já havidas em terras da América.

Começou no governo Pacheco Areco, o presidente que, igual às vivandeiras de quartel, vivia frequentando os estabelecimentos militares, puxando os milicos para a vida política. Foi também a constante do governicho do estancieiro atrasadão Juan Maria Bordaberry, que tanto exercitou a subserviência aos generais que terminou despedido, lançado fora como papel higiênico usado. Ocupou ainda o período do governo senil de Aparício Mendes, triste figura de velho reacionário e intelectual desfibrado na servilidade sem limites aos militares. E se coroou finalmente com o golpe de mão que ascendeu diretamente os generais ao governo da nação mais civilista da América Latina.

À medida que avançava o processo golpista, mais difícil ia ficando a vida dos exilados brasileiros no Uruguai. Por isso mesmo, com a vitória de Allende, no Chile, centenas e centenas tinham ido para o país andino. "Uma verdadeira revoada mas há que ser igual ao pássaro-preto. Formar bando e resistir ao gavião", dizia Barros Otávio.

Desde que sua família, mulher e seis filhos, chegou do Brasil, o mineiro vinha se desdobrando entre o trabalho de publicidade numa revista técnica de automóveis, a *Auto Ruta*, e o balcão de uma agência de turismo. Mas não dava. Era necessário complementar com o trabalho de modista da esposa, coadjuvada pelas filhas, e com uma ou outra ajuda financeira que os familiares sempre lhe enviavam do Brasil. Vida dura, mas que trazia a ele e aos seus verdadeira terapia da ocupação.

"É por isso que aqui em casa não há doença de índio", dizia, referindo-se ao mal que os exilados chamavam de fossa, que acometia muitos companheiros e até matava, como se deu com Djalma Maranhão, e que era igual à tristeza que toma conta dos índios quando saem do hábitat, ou o chamado banzo que grassava entre os negros nas senzalas da escravidão.

Passo a passo, ia a ditadura aprofundando a repressão. Quiseram estabelecer a prática mesquinha do comparecimento semanal obrigatório dos exilados ao Ministério do Interior para controle. Quando isso chegou ao conhecimento de João Goulart, protestou ele junto às autoridades e a medida foi suspensa. Adotaram também o método de prender inopinadamente exilados para interrogatórios, dos quais quase sempre participavam policiais brasileiros. Houve até o caso da jovem Marília, uma mineira valente como o quê, mais de um mês trancafiada nos cárceres da San José y Yi, a tenebrosa Chefatura de Polícia de Montevidéu, só liberada pelo empenho de exilados que ainda mantinham influência no governo uruguaio.

Houve ainda o caso do jornalista Flávio Tavares, que mesmo desempenhando as funções de correspondente do maior jornal mexicano, o *Excelsior*, foi preso, torturado e jogado nas masmorras da Punta Rieles, de onde só conseguiu sair pela repressão desencadeada em vários países. Do Brasil, por exemplo, em que pese a ditadura reinante, jornais como o *Jornal do Brasil* mandavam enviados a Montevidéu para saber por que Flávio continuava preso, exercendo assim um eficiente trabalho de pressão junto ao governo uruguaio, o que também ajudava, e muito, a manter um clima de certo respeito a todos os exilados brasileiros.

Em que se pesem a vigilância e a solidariedade imperantes entre os exilados, houve casos como a prisão e o desaparecimento de David Capistrano e do major Cerveira, quando ficou patente o conluio das forças armadas e policiais do Brasil, da Argentina e do Uruguai, depois o Chile também. Era a chamada Operação Condor, que realizava prisões e até eliminação dos que se opunham às ditaduras nesses países. Uma sinistra barganha entre as forças repressoras dessas nações instituiu uma infamante máquina de assassinatos políticos, responsável por centenas de desaparecimentos. Mais de uma vez, surgiram cadáveres, inteiramente desfigurados pela tortura, nas praias uruguaias, revelando que estava em marcha um monstruoso plano de dizimar, pelo assassinato puro e simples — como na solução final de Hitler para os judeus —, todos os que se opusessem ao militarismo ditatorial que assaltara o poder nesses países. O atrevimento e a impunidade das forças repressoras chegaram no auge com os brutais assassinatos do senador Zelmar Michelini, o mais votado de Montevidéu, e o deputado Gutierrez Ruiz, presidente da Câmara de Deputados, levados a efeito em Buenos Aires por comandos conjuntos de militares uruguaios e argentinos. No mesmo dia, o senhor Wilson Ferreira Aldunate, líder máximo do Partido Blanco, escapou por pouco de ser também sequestrado em Buenos Aires. Teve que refugiar-se em Londres.

Era nesse ambiente, nesse clima de terror, que os exilados viviam nos últimos anos de Uruguai. A fim de enfrentar os gastos cada vez mais elevados da sobrevivência familiar, Barros Otávio conseguiu, através de uma lei anterior a ditadura, trabalhar também em turismo, com uma Kombi enviada por familiares do Brasil. Com a insegurança reinante, havia de trabalhar marcando hora de regresso ou telefonando por qualquer atraso ou imprevisto. Muitas vezes, alta madrugada, tinha que chamar de pontos distantes de Montevidéu ou do interior, avisando do itinerário e a hora do provável retorno. Era a maneira de evitar algum tipo de surpresa. Foi assim que, de certa feita, Barros Otávio se salvou, como veremos mais adiante.

XXXIX

Brizola expulso

Passava das dez da noite quando tocou o telefone na casa de Barros Otávio. Era dona Neusa Brizola, que, depois de trocar algumas palavras com a esposa do mineiro, pediu para falar com ele. Sempre educada e formal, foi direto ao que queria:

— Estou preocupada porque o Leonel saiu à tarde e não regressou até agora. Foi atender a um chamado do Ministério do Interior. O senhor poderia vir até aqui agora, a fim de se ver que providências tomamos?

— Como não. Nentre em pouco tempo, estarei aí. Até já.

Ato contínuo, foi se arrumando rapidamente, enquanto conversava com a mulher, ambos naturalmente preocupados. Que teria acontecido? Naquele estado policial, tudo poderia acontecer. Mas — o otimismo afastava os maus presságios — fazer alguma coisa com Brizola seria desencadear uma tempestade sobre eles mesmos. Afinal, o homem era uma liderança no Brasil e figura de projeção internacional. Contudo — era a apreensão predominando —, esses militares eram uns desatinados, uns maniqueus à beira do fanatismo. Aí está o que fizeram com o senador Michelini e com o deputado Gutierrez Ruiz. Eram capazes de qualquer coisa.

Assim pensando e falando, foi ganhando a porta de saída. Depois de recomendações sobre algumas medidas a tomar, inclusive chamar dona Neusa por telefone dentro de meia hora, Barros Otávio literalmente despencou de carro para a avenida Larrañaga, esquina de Rambla Costanera, residência de Brizola.

Ao se aproximar, os faróis iluminaram a entrada da garagem do edifício, dando para ver claramente a velha Mercedes do ex-governador gaúcho manobrando para entrar. A escuridão não deixava reconhecer quem dirigia. Mas tinha que ser ele mesmo, porque o carro era inconfundível, acompanhando-o desde os tempos do Palácio Piratini. Bem cuidado, sem sinais de batidas, mas muito surrado. Depois, se não fosse ele, não conseguiria entrar sem tropeços pela garagem àquela hora da noite. Essas considerações ocorreram rapidamente, e Barros Otávio aquietou muitas das preocupações que lhe atazanavam. Anunciou-se pelo telefone e, ao chegar à porta do apartamento, foi recebido pelo próprio Brizola.

— Como é, mineiro. Foi bom você ter vindo. Temos muito que conversar.

Fez Barros Otávio tomar assento, pediu café à dona Neusa e se acomodou sob o foco de luz na poltrona fronteira. Nas feições, aquele meio sorriso que lhe era característico e que não disfarçava as preocupações. Encarou o mineiro nos olhos, jeito muito seu de conversar coisas sérias, e falou:

— Veja aqui o que os senhores militares uruguaios acabam de me fazer — foi falando e tirando do bolso um papel dobrado, tamanho memorando, que estendeu a Barros Otávio.

Sob o timbre do Ministério do Interior, vinha o texto curto e grosso — como soem ser os documentos oficiais desses tempos de militarismo — dando nada mais de cinco dias para Leonel Brizola deixar o país, irrecorrivelmente. O mineiro leu e releu, levantou os olhos para o gaúcho sofrido e falou tenso:

— E agora, companheiro? Isto é muito sério.

— Pelo que você vê — atalhou Brizola —, não temos como mudar o que eles ordenam. Fiz ver isto ao ministro que me entregou a intimação e ele simplesmente deu de ombros. Sente-se que ele é apenas uma peça, uma pecinhazinha — o tom cáustico funcionava como um desabafo — sem lá muita importância. A coisa vem lá do alto...

— É isso aí, companheiro. Vem lá do alto. Tenho mesmo a impressão de que é um plano bem sinistro.

O tom grave de Barros Otávio como que deixou Brizola inda mais na expectativa. Continuou:

— Essa gente é furiosamente desvairada. Um bando de gente de uma verdade só, de ideia fixa. Com o golpe de 64, os norte-americanos criaram no Brasil um monstrengo teleguiado desde os escritórios das multinacionais e dos porões do Pentágono. Desculpe estar eu a lhe falar de verdades que você sabe melhor do que nós. Mas é para encadear o raciocínio. Agora, esse monstro quer andar sozinho. Os militares latino-americanos, especialmente os do chamado Cone Sul, se negam a reconhecer que as ditaduras militares implantadas por eles estão deixando quando nada desconfortável o governo norte-americano, especialmente a política dos direitos humanos do presidente Carter. Querem manter, como que eternizar, essas ditaduras. Acho que a sua expulsão do Uruguai, nessa altura dos acontecimentos, faz parte dos planos dos militares brasileiros, argentinos, chilenos e uruguaios de manter e aprofundar as ditaduras em nossos países, à revelia mesmo do patrão.

Enquanto Barros Otávio falava, Brizola exercitava uma das suas qualidades mais notáveis, que é a de saber ouvir. Olhando fixamente o mineiro, ia ele dando sinais inequívocos de concordância. Falou:

— Pelo noticiário dos jornais, e por tudo o mais que nos é dado saber, estamos vendo que o alemão — maneira com que ele quase sempre se referia ao general Geisel — tem em mente fazer mesmo uma abertura no Brasil. Afinal, a sociedade brasileira, por todos os seus segmentos, vem dando sinais claros de cansaço com esse autoritarismo que já dura tantos anos. A campanha da anistia que essa mulher admirável, Terezinha Zerbini, vem fazendo está ganhando crescentemente a opinião pública. Também devemos enxergar que há setores militares, especialmente os adictos ao ministro do Exército, general Sílvio Frota, que olham com desconfiança e até mesmo hostilidade os propósitos de abertura do presidente da República. Creio mesmo que já existem alguns atritos entre eles. Não será surpresa se isso subir de tom e até desembocar numa situação em que um tenha que vencer o outro. Vai ser difícil, cada vez mais difícil, a convivência entre o ministro e o presidente.

— Perfeito! — atalhou Barros Otávio, e acrescentou: — Nas condições de luta aberta entre ele, você e o grande perigo potencial, especialmente estando a dois passos da fronteira do Rio Grande do Sul. Não estariam eles dando uma chamada "limpeza de área" com a sua expulsão do Uruguai?

— Será? — respondeu Brizola, perguntando também, mas deixando entrever pelo cenho franzido e os olhos apertados que ele mesmo já tinha consciência disso, apenas desejando ouvir argumentos que mais o convencessem.

— Eu cá não tenho dúvida em ver essa sua expulsão do Uruguai sob esse prisma. Por isso mesmo vou um pouco mais adiante: acho que não querem só expulsá-lo. Nas condições imperantes por estas bandas, com esses grupos paramilitares soltos por aí, não estariam esses milicos planejando até a sua eliminação?

Baixando a cabeça, numa atitude de tensa meditação, Brizola falou de dentes cerrados:

— É. Temos que estar preparados para o pior, porque realmente essa minha expulsão, no momento que o autoritarismo militar já dá sinais claros de que caminha para o fim, é mesmo muito estranha.

Fez uma pausa, olhou de frente para o mineiro e fala da decisão tomada, que ele nunca é de ficar cozinhando o galo com pouco fogo:

— No fundamental, o que estamos raciocinando aqui está certo. Também não temos como mudar a decisão deles de me expulsar do país. Então, vamos passar em revista os países para onde posso e devo ir.

Daí em diante começaram os dois, no diálogo conduzido por Brizola, a examinar caso a caso, país por país, a alternativa de novo asilo político. Logo de início, Argentina, Chile, Bolívia e Paraguai foram descartados por razões óbvias. Quanto ao Peru, com o declínio dos militares de Velasco Alvarado, seria uma opção insegura. Restavam Colômbia e Venezuela, na América do Sul. A primeira era de instabilidade evidente, com focos guerrilheiros pipocando. A Venezuela poderia ser uma boa alternativa e, por último, havia o México, que sempre é confiável.

Depois de um rápido exame sobre a Europa, concluíram que apenas a distância é que desaconselhava. Seria como sair de foco. Nessa altura, num rompante, Barros Otávio lançou:

— E os Estados Unidos?

Pego assim de surpresa, Brizola estacou. Com as feições contraídas de quem raciocina rápido, olhou para dona Neusa, que chegava com café, e falou pausado, como que amadurecendo uma ideia:

— Estados Unidos... Seria uma boa oportunidade de pôr em causa a política dos direitos humanos do presidente Carter. Até que vale a pena experimentar.

E, sorridente, falou para a mulher:

— Ainda vamos aprender inglês?

— Será que dá certo? — respondeu temerosa dona Neusa.

Aí a conversa descontraiu, entrou também para o terreno das providências a tomar em relação aos negócios da família, que o tempo era exíguo, inda mais que se estava numa quinta-feira à noite, com sábado e domingo de permeio, encurtando ainda mais o prazo final de cinco dias, a expirar impreterivelmente na terça-feira seguinte.

XL

Carter deu o asilo

Por mais que se desse trato à bola, a expulsão de Leonel Brizola do Uruguai só encontrava explicações plausíveis como maquinações de setores militares radicais do Brasil, prestimosamente acolhidos pelos milicos uruguaios e nas quais os colegas argentinos deles não se fizeram de rogados em participar. Afinal, era a Operação Condor em ação.

É verdade que Brizola sempre inspirou medo às elites brasileiras. Também não é menos verdade que a "Redentora", desde o primeiro dia, fez dele o alvo principal. Como também era mais que evidente que o governo da ditadura brasileira sempre exigiu das autoridades uruguaias, mesmo antes da liquidação de democracia naquele país, uma vigilância especial sobre Brizola, a ponto de confiná-lo no minúsculo e facilmente controlável balneário de Atlântida, a trinta quilômetros de Montevidéu. Foi o único exilado submetido a essa medida odienta, porque era ele o que mais inspirava temores aos que assaltaram o poder no Brasil.

Tudo isso é verdade. Mas também, naquela altura dos acontecimentos — meados da década de 70, com o presidente Ernesto Geisel falando em abertura lenta, gradual e segura —, não seria cabível que o governo brasileiro, como tal, exigisse a expulsão de Brizola do Uruguai. Em não sendo o governo brasileiro, quem teria levado os militares uruguaios a tomar medida tão extremada? Não há como deixar de concluir que tal proeza só interessaria aos setores mais radicais dos militares brasileiros agrupados em torno do general e ministro do Exército Sílvio Frota, os chamados duros. Assim, a expulsão de Brizola poderia vir a ser o primeiro elo de acontecimentos visando a endurecer o regime militar brasileiro. Não era isso que o Sílvio Frota queria ao ser defenestrado pelo presidente Geisel?

Foi a partir dessa compreensão que Leonel Brizola percebeu, desde o início, que não havia como mudar a decisão uruguaia de expulsá-lo do país. Havia então que saber aproveitá-la politicamente. Daí a decisão de pedir asilo nos EUA do presidente Carter. Já pela manhã bem cedo, antes de ir para a sua fazendola em Durazno a fim de tomar as medidas da viagem, Brizola passou pela embaixada norte-americana e solicitou a concessão de asilo. Embora muito bem tratado pelos altos funcionários da representação diplomática — o embaixador não se encontrava àquela hora —, era indisfarçável o clima de espanto dos norte-americanos. Afinal, ali estava Leonel Brizola em carne e osso pedindo asilo diplomático. Logo ele, pintado pelos meios de comunicação como inimigo jurado dos EUA. Cumpridas as formalidades, ficou a embaixada de comunicar a resposta do governo norte-americano diretamente na residência do solicitante.

Era uma sexta-feira. No domingo à noite, ao regressar de Durazno, nenhuma resposta fora dada. Pela frente, só a segunda e terça-feira, quando expiraria o prazo estipulado no documento da expulsão. Um clima de nervosismo foi se apoderando dos exilados e dos numerosos amigos que acorreram de vários pontos do Rio Grande do Sul. A expectativa deixava todos preocupados. Seria ou não concedido o asilo pelos EUA? No caso negativo, o que fazer?

Houve mesmo um momento, na ampla sala do apartamento de Brizola, terça-feira pela manhã, que a tensão chegou ao máximo. As horas passavam. A manhã se escoava e nada de resposta da embaixada. Insistir não era do feitio de Brizola, e ninguém ousaria fazê-lo sem sua ordem expressa. Havia que esperar. Mas o que fazer se o asilo fosse negado? Essa era a indagação que rodopiava na cabeça de todos. Assentado na ponta da poltrona, Brizola não disfarçava as preocupações. Foi quando alguém mais afoito, um desses amigos gaúchos de dedicação a toda prova, falou alto pela inquietação que ia se tornando insuportável para todos:

— Acho que devemos estar preparados para o pior. Se esse asilo não sair, vamos aqui formar uma caravana e cruzar a fronteira do Brasil em bloco com o nosso líder. Para o que der e vier.

Brizola levantou-se, relanceou o olhar pela sala, olhou fixamente para o amigo e falou:

— Calma, companheiros. Nada de desatinos. Uma caravana assim seria a vitória dos que tramaram a nossa expulsão. Eu não poderia aceitar o sacrifício de ninguém nesta hora. Se o asilo for negado, se não houver alternativa, eu quero cruzar sozinho a fronteira de meu país. Pacificamente vou, à vista de todos, deitar no chão e ficar como um saco de batatas.

Falava pausado e com uma tal força de decisão nas palavras que o silêncio tomou conta da sala. Nesse exato momento, tocou o telefone. Era a embaixada norte-americana comunicando que o governo Carter concedera o asilo. O alívio foi geral. Exclamações de alegria e até palmas e vivas ao presidente Carter explodiram.

Daí em diante, foi o corre-corre para preparar a viagem. Tinha que ir para Buenos Aires, pernoitar lá, para, no dia seguinte à noite, voar direto aos EUA. Nessa altura, Barros Otávio já tinha tudo informado. Essa era a única via de saída naquele dia e naquela hora. Ficou então fixada a saída de Montevidéu, no primeiro avião depois das 18 horas daquela terça-feira, para Buenos Aires.

XLI

Argentina nega passagem a Brizola

Embora os militares uruguaios descessem ao ridículo de pôr sob cerco o edifício do apartamento de Brizola na Rambla Costanera — quase uma dezena de viaturas militares e policiais, com numeroso efetivo de homens armados à guerra espalhados por toda a zona —, isso em nada intimidou os numerosos amigos que chegavam a todo o instante, seja do Rio Grande do Sul, sejam exilados brasileiros em Montevidéu. Todos acorreram oferecendo préstimos, manifestando solidariedade.

Dividido entre cumprimentar a todos e adotar as medidas práticas de viagem, Brizola se desdobrava numa demonstração de energia e vivacidade fora do comum. De semblante despejado das preocupações que inda há pouco atormentavam a todos, ele não dava mostras de cansaço. Era gentil e atencioso com todos e cada um. O sobrinho João Vicente, filho do presidente João Goulart, foi muito aplaudido ao chegar. Abraçou comovido o tio e lhe entregou um maço de dólares, dizendo-lhe que era para enfrentar o imprevisível nos EUA e nos caminhos do mundo. Outras contribuições, grandes e pequenas, foram entregues ali mesmo, pois que eram incertos os dias do futuro, e Brizola nunca foi homem de avantajados recursos.

Imediatamente foram designadas incumbências práticas para grupos de companheiros. A Barros Otávio e Juan Carlos Mintegui — um brasileiro de nome acastelhanado, como acontece com muitos gaúchos —, tocou ir solucionar o visto de entrada na Argentina, pois que havia um pernoite e o dia seguinte em Buenos Aires. No consulado argentino, os dois brasileiros foram cortesmente recebidos. Mas quando colocaram o assunto, foram se fechando as feições do cônsul. Depois de uma consulta telefônica ao seu governo, o funcionário foi duro e seco:

— Meu governo não dará visto de entrada ao senhor Leonel Brizola.

— Mas — ponderou Barros Otávio — o prazo de permanência de Brizola no Uruguai expira impreterivelmente às 18 horas de hoje, e nós até já compramos as passagens dele e da família para Buenos Aires no primeiro voo de depois daquela hora. Será apenas uma escala, pernoite e o dia seguinte. No princípio da noite de amanhã, ele embarca no voo da Pan American para os EUA, já estando também de posse dessas passagens.

— Nada tenho a acrescentar à decisão do meu governo que já lhes comuniquei — falou o cônsul, curto e grosso.

— Mas, senhor cônsul — interveio Mintegui —, Brizola já está com asilo concedido pelos EUA. Não há, para quem esteja em Montevidéu, outra rota para aquele país amanhã que não seja o voo da Pan American, que sai à noite de Buenos Aires. Assim, o que queremos para Brizola é apenas o visto de entrada, mera formalidade, já que ele tem em mãos as passagens para amanhã à noite rumo aos EUA.

— As instruções que tenho são muito claras e precisas, e não adianta insistir, mesmo porque não voltarei a consultar o meu governo.

Dito o quê, foi se levantando e estendendo a mão em despedida. Era revoltante a atitude do cônsul e do governo argentino. Barros Otávio não se conteve:

— Pode estar certo, senhor cônsul, que aqui viemos na esperança de solucionar sem tropeços um mero detalhe de viagem. Pode estar certo também que não será a negativa do visto de entrada para Brizola em Buenos Aires que impedirá a viagem dele aos EUA. Mesmo porque, tudo será comunicado à embaixada norte-americana, pois que, afinal, a ela cabe conduzir Brizola são e salvo àquele país. Passar bem, senhor cônsul — e se retiraram.

Já eram quase 16 horas e não havia tempo a perder. Pelo telefone do bar da esquina, tudo foi contado ao vice-cônsul norte-americano. Depois de ouvir e fazer perguntas sobre detalhes da conversa no consulado argentino, ele falou:

— Podem ficar tranquilos. Nós vamos, neste momento, nos dirigir à embaixada norte-americana em Buenos Aires e contar todo o sucedido. Tenho para mim que não será esse embaraço com o visto de entrada que vai nos impedir de cumprir as determinações do presidente Carter de conduzir o senhor Leonel Brizola com toda a segurança até os EUA. Depois de falar com a embaixada em Buenos Aires, desejo entender-me novamente com os senhores. Assim, por favor, chamem para cá em meia hora.

Na segunda chamada, o vice-cônsul norte-americano foi taxativo:

— Temos instruções para conduzir o senhor Leonel Brizola, no voo previsto, até Buenos Aires e embarcá-lo à noite para Nova Iorque.

— Quer dizer — fez Barros Otávio — que a questão do visto de entrada foi solucionada?

E o vice-cônsul, naquele tom inconfundível de patrão:

— A nossa embaixada aqui designará funcionários que acompanharão o senhor Leonel Brizola a Buenos Aires. Lá, a nossa embaixada estará esperando e já tomou todas as medidas para assegurar o pernoite e a permanência do nosso asilado até a hora do embarque para os EUA. O problema do visto é assunto superado. Temos certeza de que o governo argentino não criará dificuldades. Assim sendo, peço aos senhores que, com tempo suficiente, venham com o senhor Leonel Brizola até a embaixada, aqui na Rambla Costanera. Seremos nós que vamos conduzi-lo ao embarque no Aeroporto de Carrasco.

Eram cerca de 17 horas quando se formou à porta do edifício de Larrañaga e Rambla uma curiosa e até impressionante caravana de veículos. Brizola e seus familiares embarcaram no carro de Romeu Barlezi, ex-deputado e exilado gaúcho. Logo, uma dezena de carros de brasileiros o seguiram. O mesmo fizeram todos os veículos militares e da polícia.

Em fila indiana, formaram um inusitado cortejo Rambla Costanera afora, até a embaixada americana, despertando a curiosidade popular ao longo de todo o trajeto por Pocitos, Punta Carretas, Playa Ramírez. Até parecia deslocamento de uma alta autoridade.

Assim, longe de parecer a saída de um escorraçado, Brizola soube usar a expulsão do Uruguai politicamente. Saiu de prestígio robustecido.

XLII

Justiça a Jimmy Carter

Encerrados os episódios dramáticos da saída de Leonel Brizola do Uruguai, uma constatação se impunha: a política de direitos humanos do presidente Carter demonstrava que funcionava. Sentia-se que ventos novos sopravam do Departamento de Estado, a ponto de os EUA ir retirando apoio diplomático — e até mesmo manifestando aberto desconforto — às ditaduras militares semeadas na América Latina pela política do "grande porrete", posta em prática anos antes pelo próprio governo norte-americano. Mas os robôs militares, montados desde aquela época em muitos de nossos países, demonstravam veleidades de independência. Queriam caminhar sozinhos, principalmente quando se tratava de exercitar a repressão. No episódio de expulsão de Brizola do Uruguai, isso ficou claro. Aliás, uma revelação posterior do vice-cônsul norte-americano em Montevidéu — soube-se depois que ele era também o homem que lá chefiava a CIA — comprovou ainda mais essa impressão de que os acontecimentos iam robustecendo de uns tempos a essa parte.

Foi quando da expulsão do ex-deputado Romeu Barlese. Numa atitude típica de mesquinha represália — não tendo podido atingir Brizola como queriam, voltavam-se então contra os seus amigos —, as autoridades do governo militar exigiram também a saída imediata do ex-deputado gaúcho do Uruguai. Novamente interviu a embaixada norte-americana, e o ex-deputado viajou para os EUA. Quando do embarque, no Aeroporto de Carrasco, o vice-cônsul norte-americano, que falava português corretamente, explicou assim o episódio do asilo norte-americano a Brizola: "O nosso governo decidiu dar asilo ao Brizola porque enxergou na expulsão dele do Uruguai não apenas um desrespeito aos direitos humanos, mas até uma trama benfeita contra a vida dele. Esta impressão nossa ficou mais sólida ainda quando o governo argentino negou o visto de entrada. Aí pusemos mesmo a mão em cima e levamos o homem até os EUA".

E num desabafo típico de homem da CIA, que até fazia pouco tempo era, vamos dizer, a matriz da repressão, os que davam "assistência técnica y otras cositas más" aos governantes de todas as ditaduras latino-americanas: "Também se acontecesse alguma coisa a Brizola, ninguém por esse mundo afora ia deixar de jogar a culpa em cima da CIA".

"Pois é. Quem tem fama deita na cama", soltou Barros Otávio.

Assim, a política de direitos humanos do presidente Carter tinha capacidade até de levar a CIA a dar uma de anjo do bem.

Podemos hoje, numa avaliação desde uma perspectiva histórica, chegar à conclusão de que, assim como aos EUA devemos debitar os golpes militares na América Latina, também devemos creditar à nova era inaugurada pela política dos direitos humanos do presidente Carter, o abrandamento, a chamada abertura, do autoritarismo militar de nossos países. É verdade que o descontentamento popular com a privação de liberdade e a incompetência administrativa e a corrupção das ditaduras criaram tal clima de desassossego, tal fermentação de revolta, que tudo podia acontecer. E claro que aos norte-americanos e a seus interesses econômicos em nossos países, isso não é e nunca será uma perspectiva agradável. Tudo isso pesou e muito para o desestímulo norte-americano às ditaduras. É verdade que existem ditaduras como a do Chile e a do Paraguai — esta então mais nos parece encarquilhada pela própria idade —, que teimam em deixar o poder. São os tais robôs que passam a andar sozinhos e que, depois da saída do presidente Carter e o advento de Reagan, passariam a contar com o apoio aberto ou sub-reptício do patrão.

Por isso mesmo o chamado *establishment* norte-americano reagiu tão furiosamente contra Jimmy Carter. Desde o início, Ronald Reagan surgiu como o anti-Carter em tudo o que dissesse respeito aos direitos humanos, desestímulo aos ditadores e visão social dos próprios problemas norte-americanos. Foi irônico e até impiedoso quando se atirava, com indisfarçável apoio dos meios de comunicação, contra o chamado "plantador de amendoins". Soube capitalizar a empáfia de dominação que historicamente faz parte, vamos dizer, da alma norte-americana. Firmou-se como um restaurador da grandeza e das glórias norte-americanas — tão deterioradas desde o Vietnã — e que, dizia ele, Carter estava botando a perder. Despertou e estimulou ao máximo os mais primitivos sentimentos do homem norte-americano. E ganhou. Ganhou uma e duas vezes, e só não levou esse Velho Mundo à hecatombe de um enfrentamento direto com a União Soviética — que seria a tão temida Terceira Guerra Mundial — porque nunca teve a certeza de vencê-la. Pode até ser que acreditasse que não a perderia. Mas o clamor internacional — e dentro do próprio país norte-americano, com filmes como *Dia seguinte* — jogou o seu papel. Criou-se alerta geral de que todos poderíamos sucumbir, reforçando o movimento mundial que tolheu o belicismo de Reagan e seu grupo.

XLIII

Prisão

No Brasil já vesperava a anistia. Terezinha Zerbini conseguia repercussão crescente para a bandeira generosa que levantava com destemor e tirocínio político.

Dos Estados Unidos, Brizola estava sempre mandando notícias e até conseguira ser entrevistado pela *Voz da América*. Cassetes com a gravação do pronunciamento corriam por vários pontos do país, especialmente o Rio Grande do Sul. Depois partiu ao encontro dos exilados brasileiros na Europa, e as notícias das suas atividades já ocupavam lugar na imprensa. Era a preparação do futuro. O Encontro de Lisboa, que ademais de significar o ajustamento político da grande maioria dos exilados em torno de princípios comuns, marcou também o início das medidas práticas de organização para a restauração do PTB como partido político que pudesse aglutinar todos no Brasil. Nesse sentido, teve papel importantíssimo a participação de muitos políticos brasileiros que não se amedrontavam e viajaram do Brasil para o encontro.

Por tudo isso, sentia-se no ar como que o cheiro do fim do exílio. Já eram mesmo muito poucos brasileiros ainda exilados no Uruguai. Quase que se lhes podia contar nos dedos das mãos. Barros Otávio e sua família eram dos remanescentes. Todos viviam como que sintonizados com as notícias vindas do Brasil, principalmente porque a chamada abertura já se fazia sentir claramente na imprensa. Se antes já era muito importante ler os jornais brasileiros, agora isso era mesmo uma obsessão. Mas era férrea a censura da ditadura militar uruguaia sobre os jornais locais, impedindo também que circulasse no país qualquer jornal estrangeiro — especialmente argentinos e brasileiros — que estampasse alguma notícia que de leve criticasse o regime dos militares. Antes de serem entregues às bancas, os jornais eram levados à Chefatura da Polícia, onde passavam por rigorosa censura. Se qualquer dos jornais contivesse notícias que, no entender deles, prejudicasse o regime uruguaio, era sumariamente apreendido e lançado ao depósito de papéis velhos. Ora, eram exatamente os jornais censurados os que mais interessavam aos exilados. Foi então engendrada uma hábil manobra para surrupiar um ou dois exemplares no exato momento em que eram atirados no depósito de papéis velhos. O esquema funcionava com tal perfeição que nunca os exilados ficaram privados de conhecer as notícias censuradas.

Em que pesem as notícias da abertura no Brasil e o até claro empenho do presidente Carter no desestímulo ao autoritarismo militar na América Latina, o regime uruguaio não dava mostras de ceder. Não amainava a repressão e se apoiava cada vez mais nos militares argentinos que recentemente haviam golpeado a viúva de Perón. Era esse o quadro da segunda metade da década de 70. Havia momentos em que os exilados tinham a impressão de que no Brasil, mesmo sem anistia, já viveriam mais seguros que no Uruguai. Então, depois da expulsão de Leonel Brizola, sentia-se como que um empenho da ditadura uruguaia de tornar impossível a estada no país dos brasileiros exilados.

No trabalho de guia turístico ou corretor de publicidade, Barros Otávio tinha que se cercar de toda uma série de medidas a fim de evitar surpresas. Foi assim que, numa manhã de janeiro de 1978, ele saiu para fazer um giro turístico com um grupo de norte-americanos a chamado de uma agência de viagens. Trabalho calculado para umas duas ou três horas no máximo. E assim foi. Era cerca de meio-dia quando já estava ele de volta ao navio com os turistas. Ao se dirigir para a saída do pátio do porto, notou que um dos norte-americanos esquecera no carro uma máquina fotográfica com todos os petrechos. Regressou ao navio, devolveu tudo e, ao sair do recinto da Aduana, foi interceptado por uma patrulha da marinha, que logo o conduziu à chamada Prefectura Naval. Estava preso sem mais explicações. Despojado de todos os pertences, até o cinto e os cadarços dos sapatos, foi metido numa cela, incomunicável.

Por volta das dezoito horas presumíveis, foi levado à presença de um oficial, um capitão da marinha, para interrogatório. A preocupação maior era saber o que Barros Otávio fazia em seu país antes da "Redentora", por que escolhera o Uruguai para asilar-se ao fugir da cadeia no Brasil e qual era o relacionamento mantido com os demais exilados, especialmente Leonel Brizola. Uma pergunta ou outra também denotava a preocupação de descobrir possíveis ligações com os Tupamaros ou também com a resistência à ditadura no Brasil.

A Barros Otávio ficou a impressão de que esse primeiro interrogatório foi mais uma sondagem. Um balizamento do que pretendiam realmente arrancar dele nos interrogatórios que o próprio oficial anunciou que se seguiriam:

— Bom, por hora chega — falou o capitão num português razoável, e emendou, prenhe de significações: — Um médico vai lhe submeter a exames para termos ideia dos procedimentos futuros.

E para os soldados da guarda:

— Recolham o preso à cela.

Dito isso, lá se foi o arrogante oficial, deixando o pobre do Barros Otávio como um feixe de nervos.

XLIV

Preparado para a tortura

Já na cela, lhe serviram um café, que mais parecia "chafé", um naco de pão muxibento e atiraram-lhe um colchão bem estropiado. O cubículo era de uns três por três metros, porta gradeada dando para um corredor escuro e por onde todo o interior da cela era devassado. O único respiradouro, além da porta, era uma minúscula abertura gradeada, junto ao teto, na parede do fundo. Numa das laterais, uma lâmpada protegida por forte tela, mas praticamente inacessível pela altura, ficava permanentemente acesa, espalhando a luz mortiça pelo ambiente. Afora os ruídos característicos de um presídio, o silêncio era tumular.

Não havia como fugir à realidade acachapante: estava ele preso e incomunicável numa das prisões mais mal-afamadas da ditadura uruguaia. Corria mesmo de boca em boca que nesse cárcere foram recolhidas as mulheres tupamaras — grande parte delas jovens universitárias — submetidas às piores torturas e brutais desrespeitos à dignidade humana. A repercussão do que se passava nas masmorras da Prefectura Naval foi tão negativa que os próprios militares tiveram que pôr um paradeiro na situação, espalhando as detentas por vários presídios, especialmente o lúgubre de Punta Rieles, na periferia de Montevidéu, onde ficara preso o jornalista Flávio Tavares.

Tenso, com os nervos em pandarecos, Barros Otávio recostou-se no colchão para descansar e pensar um pouco. Muito tempo não transcorrera, lá vieram os guardas para retirá-lo e conduzi-lo ao médico. Um baixinho, de olhos perscrutadores, movimentos suaves e medidos. Despido, foi auscultado, teve a pressão auferida e feitas as indagações sobre doenças que sofrera e males que porventura o achacassem. Enfim, um exame médico para aquilatar o estado geral do organismo de Barros Otávio. Bem sabia ele que essa era uma prática das mais repugnantes nos quartéis e presídios da repressão uruguaia. Consistia em usar a própria medicina e seus profissionais a fim de evitar os chamados "acidentes de trabalho" durante as sessões de tortura. Mais de um caso desses já lhe chegara ao conhecimento. E, naquela hora, lá estava ele na situação nada agradável de quem se sentia metido nas engrenagens da repressão, prestes a ser moído como tantos outros de que ouvira falar. Mecanicamente, como se executasse um ritual, ia o médico examinando daqui e dali, fazendo uma e outra pergunta e anotando pachorrentamente numa folha de papel. Nem dava a impressão que executava uma sinistra tarefa.

Levado de volta à cela, percebeu ao longo do caminho que lá fora já escurecera. Foi daí a instantes que notou o primeiro sinal de que os seus já o haviam localizado. Um dos soldados lhe trouxe um pedaço de pizza. Certificou-se de que não era visto, murmurou baixinho:

"Le mandaram esto. Algo dicho para ellos?".

Era a solidariedade humana, a magnífica qualidade dos homens, manifestando-se onde menos era esperada. Barros Otávio olhou firme nos olhos do marinheiro e falou:

— *Gracias, compañero. Dígales como estoy. No oculte nada. Pídales que me saquem de acá, por todo lo que sea.*

Meneando a cabeça — num sinal evidente de que sabia muito bem a verdadeira situação do brasileiro, já sendo preparado para a tortura —, o praça soltou um "Conte comigo" e lá se foi.

Embora aliviado pela manifestação de solidariedade do soldado, e mais ainda por sentir-se localizado, Barros Otávio tinha também uma noção bem clara da grave situação em que se encontrava. Sentiu, pelo primeiro interrogatório, que não lhe pesava nenhuma denúncia concreta. Estava, assim, como a ponta de meada que eles pretendiam desenrolar para descobrir não sei o quê. Havia, portanto, que falar o menos possível. Não deixar escapar nada que pudesse afigurar uma pista, por onde o inimigo entrasse a revolver o passado, vasculhar a vida no exílio. Sobretudo abster-se de citar nomes a fim de não provocar outras prisões e alimentar a tendência da repressão de montar histórias e enredar todo mundo.

Tudo bem. Mas e se viesse a tortura? Como enfrentá-la? Aguentaria o rojão? Ia dizendo a si mesmo com aquele realismo de que não tinha como fugir:

— Chegou a sua hora, Barros Otávio. É a sua prova de fogo. Está em jogo todo o seu passado. Se fraquejar, vai virar um molambo. Até os seus vão se envergonhar.

XLV

De como se salvou pelo gongo

Sentado no colchão e recostado na parede, Barros Otávio mastigava com dificuldade o pedaço de pizza que o marinheiro lhe trouxera, porque a boca seca de saliva era o sintoma claro de seu estado de espírito. Sentia-se desamparado, cara a cara com a repressão que ele sabia sem entranhas pelas muitas histórias que conhecia. Era uma luta difícil, tremendamente desigual a que estava enfrentando. O que era pior: não tinha como dela esquivar-se. Não dependia de sua vontade o desenrolar dos acontecimentos em que estava enrascado. Os minutos que escoavam o levavam inexoravelmente para o momento fatídico. Porque tudo — a maneira de o capitão falar no interrogatório, os modos do médico ao examiná-lo, os olhares dos praças que passavam pela cela, tudo e tudo — não lhe deixava dúvida: estava a caminho da tortura. E seria talvez naquela noite. Ou no dia seguinte. À frente, o tempo sem medida e o imprevisível. Só uma réstia de esperança: estava localizado. Lá fora os familiares e amigos se empenhavam por ele. Agiriam a tempo de cortar o caminho da repressão?

A cabeça estava em ebulição. Foi quando lhe veio à memória uma conversa tida muitos anos antes, em Juiz de Fora. Era ele, então, um jovem estudante engajado nas lutas populares de seu tempo. Certa noite, depois de um comício no bairro Manoel Honório, entrou no grupo de estudantes que foi levar Marighela à Pensão São Geraldo, onde ele estava hospedado por uns dias. De nível intelectual bem elevado, de fala fluente de orador como poucos — Milton Campos, nas suas reminiscências de deputado constituinte de 1946, a ele se referia como o orador mais impressionante que então conhecera —, Marighela era naqueles dias junto à estudantada de Juiz de Fora como as primeiras andorinhas da primavera, essas que cruzam o azul do céu em voos desabalados e piruetas inesperadas, exercitando as asas que não lhes serviam para nada durante o rigor do inverno. Acabara de sair de longa prisão de quase uma dezena de anos e dava asas a toda a carga de jovialidade de um homem que quer e precisa viver a liberdade de que fora privado durante muito tempo. Com isso, exercia especial fascínio sobre os jovens. Todos queriam ouvir o muito que tinha para contar esse homem, que fora preso ainda quando era estudante de engenharia na Bahia e que da cadeia saíra homem feito, duramente amadurecido nas masmorras do Estado Novo.

Preparando-se para dormir, Marighela tirara a camisa e, ao dar a volta para ajeitar a cama, todos viram suas costas sulcadas de marcas profundas, como se ele tivesse sofrido uma brutal sessão de açoites. Chocante, e um dos jovens não se conteve:

— Que é isso, companheiro? O seu lombo é todo lanhado.

— São as marcas da cadeia.

— Você foi torturado?

— Algumas vezes.

— Conte pra nós, companheiro. Você aguentou firme? Deve ser duro...

As perguntas choviam, e Marighela ia pacientemente, sem nenhuma afetação de herói, respondendo a todos. A certa altura, com aquela simplicidade que lhe era característica, falou:

— É uma experiência terrível. Preferíamos não ter nenhum de vocês de passar por ela. Mas, se algum dia um de vocês for levado à sala de torturas, lembre-se: nada de fazer lombo para apanhar, nada de implorar misericórdia. Acerte o primeiro torturador que chegar ao seu alcance e lute, brigue mesmo, como um endemoniado. Bata e apanhe.

Fez uma pausa e conclui

— A gente, com o sangue quente da briga, praticamente não sente dor. Eu, por exemplo, brigava até desmaiar de tanto apanhar. O problema é vencer o medo para começar a brigar. Depois, tudo acontece como um redemoinho desembestado.

Muito tenso, mas também cansado, Barros Otávio caiu na modorra. Aos primeiros barulhos do despertar na cadeia, ele já estava de olhos abertos e convencido de que se aproximava mais a hora do interrogatório decisivo.

Enquanto isso, os acontecimentos lá fora se desenvolveram num tumulto, desde o momento em que Zuca, sua mulher admirável, se inquietou com a demora do regresso do marido. Do telefonema avisando que terminara o passeio turístico com os norte-americanos e dizendo que estava voltando para casa, já completava uma hora, e nada de Barros Otávio aparecer. Resolveu ela então tomar as medidas para localizá-lo. Conseguiu descobrir a guia de inglês que acompanhava Barros Otávio no giro. Por ela soube que o marido voltara ao navio para devolver uma máquina fotográfica dos turistas. Constatou até que a máquina fora devolvida. Daí em diante, não conseguia apurar mais nada. Na Prefectura Naval, nada informavam. Por intermédio do filho, Carlinhos, já rapazinho, descobriram, olhando através das grades do pátio do porto, que a Kombi de Barros Otávio estava estacionada num recanto da área, junto aos outros carros.

Zuca não teve dúvida e começou a telefonar para os jornais, as autoridades, as embaixadas e tudo o mais, denunciando a prisão do marido na Prefectura Naval. Seguramente que deve ter sido por isso que Barros Otávio não fora torturado naquela noite. Perceberam, pela movimentação da sua esposa, que a prisão vazara. Seria arriscado, naquela altura, tê-lo marcado pelos espancamentos. Até para o exterior ela telefonou e clamou por providências. O Comissariado da ONU para Refugiados foi movimentado. Mas positiva mesmo foi a atitude da embaixada norte-americana, que prometeu imediatas medidas para libertar Barros Otávio.

Ao amanhecer do dia seguinte, Zuca e o filho foram para a porta da Prefectura Naval e pediram para visitar Barros Otávio. Foi um reboliço, com o oficial do dia vindo pessoalmente dizer que lá não se encontrava ninguém com esse nome.

— Como não está ele aí se a Kombi está lá dentro do pátio?

— *La señora está muy nervosa. No hay Kombi por allá.*

— *Hay si, y yo la vi* — gritou Carlinhos.

— *Calláte, pivel* — vociferou o oficial, e diante da insistência de Carlinhos, que o contradizia, agarrou o garoto pelo pescoço e o atirou para dentro do corredor. Seguro pelos soldados, ele foi levado preso.

Aí se formou o tumulto, com Zuca protestando e querendo à força acompanhar o filho. Os gritos e a movimentação de soldados atraíram a atenção dos transeuntes. A fim de evitar a formação de aglomeração, o oficial decidiu recolher também a esposa de Barros Otávio para o interior da Prefectura Naval, mantendo-a no corredor com as portas de acesso e saída fechadas.

Foi nessa altura que se começou sentir a intervenção da embaixada norte-americana. Pessoalmente, o adiado norte-americano chegou à Prefectura Naval e tudo passou a mudar. O filho de Barros Otávio — já recolhido preso a uma sala e até despojado dos seus pertences — foi solto sem mais explicações. Zuca, mantida detida num corredor, simplesmente saiu pela porta sem ser incomodada, assim que percebeu a libertação do filho. E o próprio Barros Otávio, depois de ser transferido da cela para o refeitório dos praças, recebeu a visita de um oficial que lhe comunicou estar "dispensado", podendo se retirar levando o carro.

Assim como tudo começara, também tudo terminou, sem explicações. Coisas de ditadura militar. Pode-se mesmo dizer que dessa vez Barros Otávio foi salvo pelo gongo. E que gongo!

XLVI

Veio com a primeira anistia

Como todo país de clima frio, o Uruguai tem bem nítidas as quatro estações do ano. Não é como no Brasil, por exemplo, onde se diz, com muita propriedade, que só existem duas estações: o verão e a estação de estrada de ferro. Lá, quando se aproximam os últimos dias do inverno, a natureza toda começa a dar os sinais da primavera que chega. Como que uma magia, os chamados fluidos da primavera tomam conta de tudo e de todos. A tal ponto que isso influi claramente no comportamento das pessoas. A alegria e a cordialidade ficam marcantes, as festas se sucedem, até parecendo que todos acabam de vencer uma travessia.

Pois foi em tempos de primavera que a anistia chegou aos exilados no Uruguai. A euforia tomou conta de todos. O telefone não cessava de tocar. Eram *las felicitaciones* dos amigos uruguaios e também os exilados que vinham trocar ideias sobre a tão esperada viagem de regresso.

Sem mais delongas, foi arrumar as malas e pegar a estrada de volta. De ônibus, a fim de ir adentrando aos poucos no Brasil, bebendo o país aos tragos, degustando, matando a saudade da terra e das gentes depois de dez longos anos de ausência forçada.

Agora é viver os novos tempos, ombrear-se com o povo, ocupar o lugar na arremetida pelos caminhos do futuro. Um futuro de liberdade e democracia que teremos de construir todos com as nossas mãos, as nossas ideias, as nossas lutas, a fim de que nunca mais a ditadura volte a anoitecer a nossa terra e infelicitar o nosso povo.

Chegaram novamente os dias para Barros Otávio viver os seus tempos de Carlos Olavo, jornalista engajado nas lutas sociais e políticas de sua geração.

Homenagem

À companheira:

- das lutas duras e arriscadas do rio Sem Dono;
- do exílio nas lonjuras geladas da Bolívia, país de nossa ternura;
- dos dias incertos da clandestinidade, ou daqueles outros de Abaeté, quando alimentávamos muitas esperanças de "ver a banda passar";
- dos dias difíceis do Uruguai querido — hoje também terra dos nossos netos —, trabalhando sem canseira na máquina de costura, de onde muitas vezes foi arrancado o nosso sustento;
- da bravura sem alardes, do destemor tranquilo dos fortes e da meiguice feminina peculiar das baianas;
- da voz bonita de nossas festas familiares, ou daquela surpreendente *Ave-Maria*, de Gounod, entoada na igreja no dia do casamento de Alda, nossa filha, e que ninguém esquece.

A você, Zuca, esposa e amiga, companheira inigualável para o que desse e viesse e mulher dos meus amores.